LOCUS

LOCUS

mark

這個系列標記的是一些人、一些事件與活動。

自由，凌駕一切

美國人文景觀的塑造者

林博文 著

Mark 117

自由，凌駕一切
美國人文景觀的塑造者

作者：林博文
責任編輯：李濰美
封面設計：張士勇
文字校對：趙曼如、李昧、林博文
法律顧問：全理法律事務所董安丹律師
出版者：大塊文化出版股份有限公司
台北市南京東路四段二十五號十一樓
www.locuspublishing.com
讀者服務專線：〇八〇〇—〇〇六六八九
電話：〇二—八七一二三八九八
傳真：〇二—八七一二三八九七
郵撥帳號：一八九五五六七五
戶名：大塊文化出版股份有限公司
總經銷：大和書報圖書股份有限公司
新北市新莊區五工五路二號
電話：〇二—八九九〇二五八八
傳真：〇二—二二九〇一六五八
初版一刷：二〇一六年六月
定價：新台幣三〇〇元
國際標準書號：978-986-213-705-5
Printed in Taiwan

這本書屬於清玉

目錄

滋潤新大陸文化心靈的原創人

導言：

表達自由是一切自由的泉源

在美國南方田納西州鄉下辦一份小報的猶太人阿道夫・歐克斯（Adolph S. Ochs），一八九六年買下搖搖欲墜的《紐約時報》，異常興奮，他在心裡發誓一定要把《紐時》辦成一流報紙。他揭示了辦報宗旨：「無視於任何黨派、團體和利益集團的包圍，以大公無私的態度處理新聞，無所畏懼亦無所偏袒。」這句話曾刻在曼哈頓西四十三街時報廣場附近《紐時》舊大樓大廳牆上。牆前是歐克斯的銅像。

一百二十年來，《紐時》絕大部分時間能遵循老發行人訂下的金科玉律，尤其是「無所畏懼亦無所偏袒」（Without fear or favor）的原則。否則，該報不可能成為全美甚至是全球首屈一指的報紙。今天，《紐時》能夠執美國文字媒體牛耳的地位，其報導和評論一直為舉世政要所重視，揆諸其因，歐克斯當年所訂立的辦報宗旨，實具開啟與引導之功。而日後主持《紐時》新聞與言論的編輯與筆政領導班子，亦每每能在重要關頭，恪守「無所畏懼亦無所偏袒」的原則，「報導一切適宜刊登的新聞（All the News That's Fit to Print）」，為「歷史的初稿」定調。

一九七一年夏天，尼克森政府為阻止《紐時》和《華盛頓郵報》發表描述美國如何捲入越戰的〈五角大廈文件〉（Pentagon Papers），乃向最高法院要求禁止《紐時》和《華郵》刊登這份機密報告。但高院九名大法官於六月三十日以六比三裁決這兩份報紙有權發表〈五角大廈文件〉，聯邦政府無權干預和阻止。大法官雨果・布拉克（Hugo Black）在判詞中寫下了一句震古鑠今的名言：「只有一個自由和不受箝制的新聞界，始能有效地揭露政府的欺騙手段。在新聞自由的各種責任裡面，最重要的就是防止政府任何一個部門欺騙人民……。」

只有一個「無所畏懼亦無所偏袒」的報紙，才有偉大的膽識和道德勇氣來揭發政府的錯誤和秕政，使人民不致永遠受騙；只有一個「無所畏懼亦無所偏袒」的報紙，才不會幫助政府欺騙人民、蠱惑人心、自己欺騙自己，更不會在白紙黑字上縱逸自瀆。

自由民主國家與獨裁專制國家的最基本分野之一，就是前者的言論與新聞自由，全然是由人民所爭取並予以珍惜，而又得到憲法和法律的明確保障；後者則毫無言論與新聞自由可言，即令有一絲一毫妝點門面的「自由」，而這些「自由」又在軍法、戒嚴法、黨章、特務和公安的虎視眈眈下，萎縮或變形得不成形狀。即使在民主、自由和法治早已上軌道的美國，還是會發生打壓新聞、言論與出版自由的逆流，更遑論那些自由其名、專制其實的國家和地區了。新聞自由的光大、媒體尊嚴的維護，絕不是朝夕所能倖致，亦絕非不費吹灰之力即可垂手而得，更不能祈求當道與政府權勢的施捨和保護。

誠然，在一些赫赫有名的美國報章雜誌裡，並非全都是「不偏不倚」的，如行銷全球的《時代》周刊，從四〇至六〇年代，即是一份報導有偏頗、言論有成見的新聞雜誌。特別是對中國問題的看法，完全受到該刊創辦人亨利．魯斯（Henry Luce）的百分之百親蔣立場所左右。因此，《時代》變成蔣介石和國民黨在美國的最有力代言人。然而，一九六〇年九月四日，台北《自由中國》半月刊發行人雷震因「涉嫌叛亂」和「為匪張目」而被捕的消息傳抵美國後，魯斯大為不滿。魯斯曾親自對當時的中華民國駐紐約總領事游建文說：「我雖是中華民國的好朋友，但我是雜誌發行人、編輯人，我是一個報人，不能不替報人說話，不能不為言論自由來說話。這是報人的責任，我不能不負起我的責任，否則我就失職了。蔣總統用軍法來逮捕《自由中國》半月刊發行人雷震一事，就是打擊言論自由，無視新聞自由，實在太不應該了，把自己宣稱為自由的中國毀掉了。」在雷案之後，《時代》曾發表多篇抨擊國民黨打壓言論自由的文章，其中一篇譏諷國民黨政府在製造「烈士」。魯斯的逆耳忠言雖未獲得台灣當局的正面回應，但此後《時代》對海峽兩岸的立論，亦較能從客觀立場出發。

一八八六年十月二十八日上午，美國第二十二任總統克利夫蘭在紐約港口主持自由女神像落成典禮。在女神右臂高舉的自由火炬下，克利夫蘭宣稱：「一縷光線將穿過無知的黑暗和人類的壓制，直至自由輝耀世界。」這座由法國人民所贈與的紀念碑，成為美國自由、民主、幸福與繁榮的立國精神標誌。

「不自由，毋寧死！」（Give Me Liberty or Give Me Death!）壯哉斯言！美國獨立革命先賢派屈克・亨利（Patrick Henry）於一七七五年發下這句豪語，餘音震撼歷史、響徹全球。自由，凌駕一切！就如同杜甫所說的：「會當凌絕頂，一覽眾山小。」沒有真正的思想自由、表達自由、諷刺自由、創作自由、學術自由，以及免於恐懼的自由，其他的「自由」都是假的。有了這些自由，人活著才有價值、才有尊嚴、才不會怕「有吏夜捉人」。沒有這些自由，人就不成其為人。自由女神像所象徵的就是這些不可剝奪、不可讓渡的基本自由。在這些基本自由的護佑下，報人才能做到張季鸞當年所揭櫫的「四不」：不黨、不賣、不私、不盲；作家亦才能在思想的原野上馳騁，無所顧忌。這本書所刻畫的絕大部分報人和作家，在他（她）們的專業領域上每能高舉表達自由的火炬，光照美國的人文景觀。

「筆鋒常帶感情」的梁啟超（任公），一九〇三年親睹自由女神像後，在《新大陸遊記》中寫道：「自由島者，在紐約海口中央，豎一自由女神像，法國人所贈也。美人寶之，登之有瀟瀟出塵之想。」自由女神像不應只是觀光客爭睹的景點，她提醒世人要珍惜自由，要使自由「穿過無知的黑暗和人類的壓制」，照耀世界每一個角落。

林博文

二〇一六年三月八日於紐約

構築新大陸傳播橋樑的媒體人

特立獨行的新聞怪傑史東

一九八九年六月十八日以八十一高齡病逝波士頓的史東（I. F. Stone），是美國現代新聞史上最特立獨行的怪傑。

猶太裔的史東，從事新聞工作六十五年，一輩子唱反調，終生不渝。他反對權勢，反對政府撒謊，反對五角大廈擴軍，反對越戰，反對任何壓制言論自由的行動。他批評政府各機構的顢頇無能，他批評詹森總統誤導美國人民升高越戰，他批評以色列欺壓巴勒斯坦人，他批評白人歧視黑人，他批評蘇聯，他批評戈巴契夫是個「偽君子」。

史東一生不畏權勢、不向權威低頭妥協的作風，充分發揮了西方新聞史上最珍貴的一項美德，那就是：不必逢迎權勢，也不用巴結政要，但要具有向權勢政要說真話的勇氣與良心。在今天，我們已很難看到像史東這種風骨嶙峋的報人。

史東於一九〇七年十二月二十四日出生在費城，本名為伊西多·范恩斯坦，雙親是蘇聯猶太裔移民，開了個雜貨店。三十歲時，伊西多·范恩斯坦自己各取姓名的頭一個字母，再冠一個史東（Stone）的姓氏，這就是I. F. Stone的由來。

史東家境小康，但自幼即酷愛閱讀，常手不釋卷。他最喜歡的是惠特曼的詩集和傑克・倫敦的小說。在十四歲時，史東即展露他的「新聞天分」，他開始在鄰居街坊所辦的一份自由主義月刊《進步》撰稿，不久又在新澤西州《哈登菲德日報》和《坎登郵報》做記者。

史東雖然博覽群籍，但學校功課卻始終不行，高中畢業成績是「最後幾名」。進了賓夕法尼亞大學之後，史東專攻哲學，一面唸書，一面採訪和編報。到了大學三年級，史東輟學了，先後在新州《坎登郵報》和《費城詢問報》上班。他的大學學位，一直到一九七五年始由賓大特准頒給他，以表揚其對新聞界的貢獻。二十年來，已有不少大學贈送他榮譽博士學位。

一九三〇年代後期，史東曾在《紐約郵報》（*New York Post*）當記者，並撰寫社論，其時，《郵報》仍為第一流報紙，極富自由主義色彩。史東是一個自由主義者，也是一個理想主義者，他的「理想世界」並非一蹴可幾，也不是光憑鼓吹吶喊，就可以在一夜之間坐享「千樹萬樹梨花開」的成果。因此，在追求「理想世界」的過程中，史東自然而然地變成激進派了。但他的激進主義，卻是奠基於理性、知識、良心和憤世嫉俗上面。

就像和他同時代的激進新聞從業員一樣，史東開始為《國家》（*Nation*）雜誌寫文章。自一九三八年至一九四〇年，史東是《國家》的副編輯，自一九四〇年至一九四六年，則當該刊的華府編輯，並同時為《紐約郵報》寫報導和社論。此後，史東又曾陸續為《PM》、《紐約星報》和《紐約指南針報》等三家中間偏左的報紙撰稿。但這三份日報一家接一家倒閉，史東面臨了困境。

《紐約指南針報》在一九五二年十一月關門大吉時，正是自由主義者、民主黨總統候選人史蒂文生（Adlai Stevenson）落選的日子，四十四歲的史東失業了。他想重返《國家》雜誌，但《國家》本身經費短絀，請不起他；別的報紙和刊物，則因史東強烈的自由主義色彩而拒絕僱用他。

於是，鬥志昂揚的史東只好自己辦報，自己做老闆、編輯、記者和主筆，唯一的助手就是他的妻子艾瑟（他們於一九二九年結婚）。

經過幾個月的籌備，一份與眾不同的報紙在華府問世了，美國現代新聞史上從此添進了一個狂狷不群的新血輪。這份報紙就叫《史東周刊》（*I. T. Stone's Weekly*），周刊從一九五三年一直辦到一九六八年。史東因心臟病發作，自一九六九年起，周刊改成雙周刊，一九七一年停刊。

《史東周刊》每期雖然只有四頁，但在十八年（加上雙周刊三年）的歷史中，卻是美國政府的一個暮鼓晨鐘。史東特立獨行的性格和他「不黨、不賣、不私、不盲」的辦報方針，在十八個寒暑裡發揮得淋漓盡致！除了編採寫「一腳踢」之外，史東的編報特色是，他專門在政府公報、文件、檔案和報紙的報導中，指出政府施政的錯誤、謊言、矛盾和騙局，加以嚴厲的攻擊。許多機構不讓他參加新聞背景簡報，他引以為榮地說：「簡報往往是洗腦。」

史東閱讀和寫作速度極快，每日讀十份報紙，並從中找出素材，發而為文。從對抗麥卡錫主義、種族主義、核子試爆到反對雷根政府，只要是他認為玷污民主政治的作法，他就毫不留情地予以批評。史東不僅要「扒糞」而且要重建理想。

史東是一個極好學的人，雖有深度近視又有白內障，耳朵又不靈，但絲毫未能阻止他「上窮碧落下黃泉，動手動腳找東西」的衝勁。為了進一步鑽研民主政治的緣起與真諦，在七十歲時開始學希臘文，以便能直接閱讀希臘哲學原著。一九八八年，史東出版了他最後一本（第十二本）著作《蘇格拉底的審判》（*The Trial of Socrates*）。

討厭史東的人，罵他頑固、彆扭、乖僻，以及過度反對權勢。但是，每一個人都承認，史東的正直廉潔、勇氣、洞察力和對新聞的執著，是無懈可擊的。史東在華府新聞圈裡，是一名獨行俠，然而數十年來卻有不少記者以他為楷模，師法他秉筆直書的勇氣與守正不阿的品質。

史東生前最愛說的一句話是：「在許多人的心目中，我也許是一個左派的猶太雜種，但我卻使湯瑪斯．傑佛遜的民主理念發揚光大。」

讓十個美國總統不爽的海倫

過去幾十年，每次在電視上看白宮記者會，總是看到合眾國際社的老記者海倫．湯瑪斯（Helen Thomas）坐在第一排，總統會第一個或第二個請她發問，她一定問一些讓總統不爽的問題。小布希當總統時，曾連續三年未請她發問，原因是海倫在私下痛批小布希是「美國歷史上最爛的總統」，有人把話傳給小布希，於是這個「美國歷史上最爛的總統」三年不叫她，以示報復。

海倫於二〇一三年七月二十日因年老多病辭世，享壽九十二歲。八月四日是她九十三歲生日，那天也是歐巴馬的生日，但孤單的海倫等不及，就先走了。她在一九七一年和大她十七歲的美聯社記者道格拉斯．康乃爾（Douglas B. Cornell）結婚。婚後沒多久，康乃爾就患了老年失憶症，一九八二年去世，他和海倫沒有小孩。海倫的父母親是黎巴嫩移民，父親不識字，生了十個孩子，先住肯塔基，後搬至密西根，海倫畢業於韋恩（Wayne）大學。先到《華盛頓每日新聞》（*Washington Daily News*）編輯部當送稿生，一九四三年加入合眾社做記者，一個禮拜二十四美元，約等於今天的三一八美元。

五、六〇年代，美國新聞界還是很歧視女性。女記者不能加入全國記者俱樂部，如要採訪名人到俱樂部演講，女記者只能坐在樓上看台，更不能像男記者一樣可以和名人共進午餐。前《紐約時報》女記者楠．羅勃森（Nan Robertson）多年前曾出版一本書專門談二樓看台上的女孩和《紐時》歧視女性的歷史。海倫是個戰鬥性很強的女子，她和幾個女同事一起對抗全國記者俱樂部，直至一九七一年，女記者始獲准加入俱樂部。海倫在一九六一年一月甘迺迪就任總統時，開始採訪白宮，二〇一〇年退休時，已歷經十位總統。

海倫被認為是女記者中的開路先鋒，她是通訊社的第一個白宮女記者，又是女記者俱樂部的首任會長。其實，海倫的貢獻不僅在於打破性別的藩籬，她是真正改變白宮記者會氣氛的拓荒者。白宮記者一向把總統當成高高在上的國家元首，不敢提問過於露骨和尖銳的問題，海倫是第一個敢衝敢撞的白宮記者。她是開風氣之先的記者，也是最令總統頭疼的記者。海倫死後，歐巴馬在悼念她的新聞稿中說她從來不忘提高總統的警覺性，意思是說她的犀利發問，總是讓總統神經緊張。

海倫常說，美國總統權力雖大，但他一定要向我們說實話。因此，她問尼克森解決越戰有什麼祕方？她質問雷根為什麼要侵略格蘭納達（Grenada）？她詰問小布希為什麼要入侵伊拉克？有人問強人卡斯楚：美國式的民主和古巴式的民主，差異何在？卡斯楚答道：「至少我不必回答海倫．湯瑪斯的問題！」

這位在華府已歷經一甲子採訪生涯的老記者二〇〇六年終於發出怒吼，寫了一本轟動媒體與政壇的書《民主政治的看門狗？華盛頓記者團的式微及其如何使公眾失望》（*Watchdogs of Democracy?: The Waning Washington Press Corps and How It Has Failed the Public*）。湯瑪斯痛責華府記者團從布希上台開始變成唯唯諾諾、哼哼哈哈，喪失了新聞工作者的起碼要求，不敢向官員提出尖銳問題，毫無保留地接受官方的說法。湯瑪斯說，華府記者團原本的責任是要做民主政治的看門狗（watchdogs，或稱監督者），現在卻淪為俯首聽命的哈巴狗（lapdogs，或稱拍馬屁的人）。

湯瑪斯認為華府和白宮記者團在布希於二〇〇三年春天下令入侵伊拉克之前，幾乎從未向布希、副總統錢尼、國務卿鮑威爾、國防部長拉姆斯菲爾德、副國防部長伍夫維茲和白宮國安顧問賴斯提出嚴肅而尖銳的問題，是明顯地失職。而侵伊之役所暴露的布希政府製造假情報、誤用情報、誤判伊拉克反抗勢力、秘密竊聽電話、違反日內瓦公約在古巴關塔那摩島私設監獄以及蓄意蹂躪被俘回教青年人權等行徑，記者團又沒有窮追猛打，而使布希政府在連串倒行逆施政策之後，我行我素，毫無忌憚。

湯瑪斯最難忘的白宮經驗是一九七一年七月十五日親睹尼克森在加州電視台臨時發表演說，宣布白宮國安助理季辛吉已完成訪問北京的任務，並稱已接受中國總理周恩來的邀請將於明年初訪問北京。湯瑪斯說這項宣布震撼全世界，尤其是白宮記者團。最初中國以設備不足為理由，僅答應接納美國十名記者和數名電視攝影記者，結果有二千名記者申請。經過白宮和北京認真交涉，美方記者數目終確定為八十七人，其中湯瑪斯是唯一的女性文字記者，另兩名女性（包括芭芭拉・華特絲）是電視和廣播記者。湯瑪斯說，採訪尼克森訪問中國的記者把總統專機變成「飛行圖書館」，所有記者都猛啃有關中國的書籍、資料和文件，機上膳務組供應第一道中式晚餐時還提供筷子。

湯瑪斯在總統記者會上以提問犀利著稱，但她能夠在高手如雲的白宮記者團裡奠定地位且出人頭地，完全是靠她個人的用功與勤快。她在男記者主控的華府和白宮記者團中脫穎而出，使她自己和其他上進的女記者不再只是寫「軟新聞」或花邊新聞。湯瑪斯為女記者採訪政治、外交、軍事與經濟等「硬新聞」開闢道路。

二〇〇〇年五月，由南韓統一教教主文鮮明創立的「新聞世界傳播公司」（ＮＷＣ）收購了業務不振的合眾國際社，湯瑪斯一聽到消息立刻辭職。有稜有角的湯瑪斯不願與文鮮明為伍，保守的《華盛頓時報》即為文鮮明的企業之一。柯林頓獲知湯瑪斯辭職的消息，特別在記者會上向這位「華府媒體第一夫人」致敬。柯林頓幽默地說：「如果不是海倫每次在記者會上說『謝謝你總統先生』，其他白宮記者可能還不知如何收尾而沒完沒了呢！」李登輝當政台灣時，海峽兩岸關係數度緊張，有次白宮記者會一開始，柯林頓點名湯瑪斯提問，她一開口即問：「美國是不是準備為台灣而戰？」柯林頓只作了模稜兩可、語焉不詳的回答。

個性耿直的湯瑪斯離開她所服務近一甲子的合眾國際社之後不久，即加入赫斯特（Hearst）報系，每週撰寫兩篇以白宮和美國政治為題材的專欄，有時也到白宮採訪。湯瑪斯毫不諱言她在六十年記者生涯中最不喜歡的政客是小布希及其黨羽。二〇一二年七月她接受《國會山莊報》

（*The Hill*）訪問時坦言，如果錢尼在二〇〇八年競選總統，她就不想活了。她說：「錢尼競選總統之日，我就自殺。難道我們所需要的是再來一個撒謊者嗎？」有關錢尼可能在二〇〇八年問鼎白宮的傳言，最早是《華盛頓郵報》王牌記者伍華德（Bob Woodward）透露出來的。

一九七一年九月，總統尼克森夫婦在白宮為即將退休的美聯社記者道格拉斯．康乃爾辦了一個酒會，席間尼克森夫人派德（Pat Nixon）突然宣布了一項「獨家消息」：海倫．湯瑪斯已和康乃爾訂婚。派德風趣地向湯瑪斯說，她先搶到了「獨家新聞」（Scoop）。

湯瑪斯是個勤快的記者，除了採訪寫評論，她已出版了《截稿時間：白宮及華府人物》（*Deadline: White House*）、《白宮頭排：我的生平與時代》（*Front Row at the White House: My Life and Times*）和《謝謝美好的回憶，總統先生》（*Thanks for the Memories, Mr. President*）。她的書是研究近代美國總統和華府政治不可或缺的參考讀物。湯瑪斯對白宮記者素質一代不如一代感觸尤深，同時也對總統越來越少和媒體打交道的作風，更覺得「時代變了」。

湯瑪斯指出，記者不敢向總統和白宮發言人探求真相，就會導致整個媒體走向失敗，這也就是白宮記者從「看門狗」變成「哈巴狗」的悲哀。柯林頓曾對湯瑪斯說：「總統來了又走了，但你一直在這裡。」湯瑪斯六十年來始終堅守崗位，為美國媒體持續放出異彩。

事實上，海倫在新聞事業上有兩種不同的面貌與性格，一種是追問到底的執著，另一種就是很喜歡表達自己的看法和意見，而她個性率直又固執，脾氣不好。因此，她的「好發議論」，常為她帶來麻煩。她永遠不會忘記她來自中東地區，她更不會忘掉以色列和巴勒斯坦的鬥爭。

她常說，在美國如得罪以色列或是美國猶太人，就很難生存下去。不幸的是，她自己就是其中一個。她在二〇一〇年接受訪問時大罵以色列猶太人占領巴勒斯坦人的故土，她要求猶太人滾出巴勒斯坦，滾回到波蘭、德國，結果引發軒然大波，迫使她黯然退休。

海倫的個性和作法，有些方面很像特立獨行的美國左翼記者史東，史東的名言是：「政府老是在撒謊！」因此，史東以獨行俠的身分辦刊物，專門找政府的麻煩，使謊言無所遁形。在另一方面，海倫亦像專門向權力說真話的偉大異議者喬姆斯基（Noam Chomsky）。

海倫走了，美國媒體和白宮記者團再也找不到可以取代她的人，這種損失，在網路時代更是無從彌補！

「報業女王」葛蘭姆的崛起

《華盛頓郵報》和《新聞周刊》（*Newsweek*）董事長兼發行人凱莎琳．葛蘭姆（Katharine Graham）女士，一九八七年六月三十日過七十歲生日時，六百位政要權貴（包括雷根總統）聚集華府為她舉行慶生會。幽默專欄作家包可華起立祝酒時說道：「只有一個字可以說明我們今晚為什麼相聚在一起，那個字就是『怕』（fear）！」

全場嘉賓哄然大笑之餘，每個人都對包可華之言，感到心有戚戚焉。大家都尊敬《華盛頓郵報》，但「怕」它的成分似乎更多，尤其在《郵報》七〇年代初揭發水門事件奏功之後，有權有勢的人最怕在《郵報》上看到自己的名字。

不過，當天晚上的壽星婆絕對不是一個令人「怕」的報老闆，她雖是女強人，許多人甚至在背後稱她「凱莎琳大帝」；其實本質上，她卻是個害羞、內向、膽小的人。名作家卡波提（Truman Capote）說她「非常靦腆，完全不知道如何表達自己。」為了在聖誕派對上向客人說聲「聖誕快樂」，竟使她終夜未眠，關起門來苦練「聖誕快樂」！然而，在她的丈夫一九六三年自殺之後，凱莎琳．葛蘭姆即慢慢被磨練成信心十足而又果斷的「報業女王」。

凱莎琳・葛蘭姆於一九九一年年初將棒子交給兒子之際，她所建立的華盛頓郵報王國的地位，已穩如泰山。她是全世界最富有、最有影響力的婦女之一，家族資產已達五億六千五百萬美元，除了《郵報》和《新聞周刊》之外，另擁有《國際前鋒論壇報》（*International Herald Tribune*）的一半股權、四家電視台、五十三個有線電視系統以及其他產業。

「報業女王」飛黃騰達、睥睨群倫的背後卻隱藏了一段痛苦、辛酸的往事，這段令她心碎的往事就是她的婚姻生活。女作家卡洛・費森瑟（Carol Felsenthal）曾出版《權力、特權與郵報：凱莎琳・葛蘭姆的故事》（*Power, Privilege, and the Post: The Katharine Graham Story*），專事敘述《郵報》的成長經過和報老闆的家族糾葛，但最主要的是揭露凱莎琳不幸婚姻的內幕。

凱莎琳生於猶太家庭，父親尤金・麥爾（Eugene Meyer）長袖善舞，四十歲即成為華爾街百萬富翁，創辦「聯合化學銀行」，並在威爾遜、哈定、柯立芝、胡佛、杜魯門政府中擔任要職，且為世界銀行首任總裁。一九二九年，麥爾準備花五百萬美元買下《華盛頓郵報》，《郵報》老闆拒絕。四年後，《郵報》因經營不善，宣告破產，麥爾以八十二萬五千美元購得，當時（一九三三年），《郵報》每日銷路只有六萬三千份，《紐約時報》為四十六萬六千份。

麥爾的妻子艾格妮絲是個典型的「猶太媽媽」，個性強悍、跋扈，極具「侵略性」，駕馭子女不遺餘力。在母親的「威逼」下，凱莎琳從小即養成膽小、害羞、內向的個性。糟糕的是，太能幹的媽媽竟然「看不起」不能幹的女兒。

一九三九年，芝加哥大學畢業的凱莎琳（二十二歲），在《郵報》當記者、跑新聞，舞會上邂逅了二十四歲的菲力普．葛蘭姆，不久即結婚。其時，菲力普在最高法院任職，當大法官的助理。哈佛法學院畢業的菲力普，自視甚高，很會念書，在哈佛法學院主編法學評論時，部分同學和教授認為他不僅夠資格當教授，甚至可做法學院院長。一九四六年，菲力普正式進入岳父的《郵報》做事，先當副發行人，年薪三萬。

菲力普進了《郵報》之後，即聽到朋輩之間對他的閒言閒語，說他娶了一個「嫁妝」，靠岳父維生，而菲力普又是極為敏感的人；他聰明、有才華、英俊瀟灑、自尊心極強，頗受不了這些冷嘲熱諷。加上眼看他的朋友甘迺迪、詹森等人一個個進入國會，成為政壇明日之星，因此更為落寞，而菲力普亦有政治野心，自認具備做總統的潛力。然而，他離不開《郵報》，祇能羨慕人家從政，心理不平衡的菲力普竟把怨氣發洩在凱莎琳身上，他怪她纏住了他，怪她的父親羈絆了他，並認為獻身《郵報》乃是他最大的錯誤。

菲力普升為發行人之後，《時代》周刊於一九五六年四月十六日以他為封面人物，但介紹文字中的一句話，卻使菲力普爆發了蓄藏已久的挫折、沮喪、自卑與憤怒。那句話是：「他娶了老闆的女兒而成為《郵報》的發行人。」這句話擊中了菲力普的要害，從此，凱莎琳即過著暗無天日的日子。菲力普經常當眾嘲笑她、羞辱她，罵她是「卑鄙的猶太人」（菲力普不是猶太人），凱莎琳對丈夫的精神虐待，忍氣吞聲，完全不敢反抗，這種持續性的壓抑，使她更加膽小、害怕，她把全副精力寄託在子女（一女三子）身上。凱莎琳的母親艾格妮絲不但不同情女兒，反倒認為她「活該」。有一次，艾格妮絲和菲力普談話時，凱莎琳想插嘴，她的母親竟對她說：「不要打斷，我們正在進行知識對話。」有人形容五〇年代的凱莎琳是個典型的「黃臉婆」：衣著土氣、談吐困難、毫無氣質，一副倉皇失措的樣子。

就在葛蘭姆一家籠罩於愁雲慘霧之際，菲力普得了頗為嚴重的「躁狂抑鬱症」（Manic-depression），這種病症使他經常一語不發地躺在床上數週或幾個月。可怕的是，他也變成一個極反常的人，他必須口出髒句穢語，才能把話說完。開會、演說、聊天時，皆是如此，其言語之污穢，已令臉皮最厚的人都不忍卒聽。凱莎琳為他尋訪名醫，住院、吃藥、靜養，都未見起色。更糟的是，菲力普也成了酒鬼。

對政治仍不能忘情的菲力普，一九六〇年夏天以「抱病」之身親赴洛杉磯參加民主黨總統提名大會，並獨力促成了甘迺迪選擇詹森為競選夥伴；事成之後，又飛赴紐約，以九百萬元的廉價數目購下《新聞周刊》，這筆精彩的交易有人稱為「當代新聞界最偉大的一次『巧取』」。撮合甘迺迪與詹森的合作以及吞併《新聞周刊》，可說是菲力普報業生涯的兩大成就。

菲力普的症狀不止於羞辱妻子、滿嘴髒話，他也像他的哥兒們甘迺迪一樣，開始玩女人了。六〇年代初，菲力普到巴黎視察《新聞周刊》的業務，他要求分社主任為他找一個女秘書，分社主任乃推薦澳洲籍的年輕女子羅彬·威布（Robin Webb）。很快地，菲力普即與羅彬打得火熱，而菲力普的不健全心理造成他不正常的性需求，他常在和部屬、朋友談話時，突然宣布要做愛，即把在場的羅彬拖至房間。有一次在做愛時，竟打電話到白宮找甘迺迪，向總統報告正在「辦事」，連風流的甘迺迪聽了都臉紅。菲力普經常打電話至白宮騷擾，甘迺迪不得不下令總機拒轉其電話。但在華府流傳的說法是，甘迺迪常和菲力普一起玩女人，甚至交換性伴侶。

羅彬不僅是菲力普的情婦，亦一躍為《新聞周刊》的編輯決策人之一，菲力普在編輯部裡公然向同事介紹羅彬是「下一任葛蘭姆夫人」或是「葛蘭姆夫人」。真正的葛蘭姆夫人——凱莎琳當然知道丈夫的胡作非為，但她認為那是病情發作的現象，她依然忍氣吞聲，繼續為無可救藥的丈夫尋找治病良方。可是，菲力普卻變本加厲，居然計畫把凱莎琳趕出《郵報》，將其股權交給羅彬。他首先把遺囑改為三分之一股權給羅彬，三分之二給子女；過了一陣再加修改，三分之二給羅彬，三分之一給子女。

這時候，強悍的「猶太媽媽」上場了，她終於出面幫凱莎琳撐腰，但不是因母女之情而出面，而是不願看到患有精神病的女婿把《郵報》產業拱手送人。

菲力普的病情繼續惡化。一九六三年美國報紙發行人與編輯在鳳凰城開會，菲力普攜羅彬與會。開會期間，《郵報》總編輯突然接到羅彬的求救電話，她說菲力普瘋狂地揍她。晚宴席上，菲力普打斷演講者，搶下麥克風，開始大罵報界，並表示要抖出華府政界的床笫之私。恐怖的是，他在邊說邊罵時，竟當眾脫掉衣服。在場的各大報社老闆和總編輯嚇呆了，其中一位報人立刻打電話到白宮，甘迺迪即刻通知凱莎琳，並派了一架軍機至鳳凰城接回菲力普，醫生隨機同往。菲力普在機場上強力反抗，經數名壯漢制伏後送到馬里蘭州一家精神病院治療。

經過鳳凰城的一陣「暴風雨」後，羅彬覺悟了。包括凱莎琳在內的《郵報》高層主管連日開會如何打發羅彬。《郵報》一名主管問她「有什麼要求」？羅彬答道：「什麼都不要，只要給我一張回澳洲的單程機票。」對於羅彬的爽快，《郵報》頗為感激，凱莎琳日後承認羅彬是個善良的女孩子，從未對外招搖她和菲力普的關係。羅彬後來在澳洲駐聯合國教科文組織任職，並已嫁人。

一九六三年六月二十日，菲力普再度住進馬里蘭州的精神病院，凱莎琳每日去看他，陪他吃午餐、打網球，病情似有好轉。八月三日，菲力普要求出院。當天上午，夫妻倆打了一陣網球；下午時分，菲力普告訴凱莎琳說，要去獵鳥，凱莎琳即到樓上睡午覺，菲力普走到一樓浴室，坐在浴缸側沿上，手裡拿了一支零點三八口徑的手槍，對準腦袋開了一槍。八月五日上午，凱莎琳對著好朋友《紐約時報》華府分社主任雷斯頓幫她撰寫的演講稿，不停地背誦，一遍又一遍。這份演講稿是她向《郵報》董事會發表的就職演說，她接下了菲力普留下來的董事長兼發行人的遺缺。八月六日，《郵報》為菲力普舉行了葬禮。

凱莎琳在毫無心理準備的情況下披掛上陣，用心學習，虛心請教，苦心經營，使《郵報》逐漸茁壯，而與《紐約時報》、《洛杉磯時報》、《華爾街日報》並駕齊驅，傲視美國報界。

一九八六年十月七日下午，蔣經國在總統府親口向凱莎琳宣布台灣將廢止戒嚴法，全世界馬上就知道了這件大新聞。

附錄／

《華盛頓郵報》換老闆

沉寂已久的美國紙媒二〇一三年夏天連連爆發驚天動地的大事。首先是《紐約時報》以七千萬美元出售旗下的《波士頓環球報》（*The Boston Globe*），買主是波士頓紅襪棒球隊老闆約翰・亨利（John William Henry II）。《紐時》二十年前以十一億美元收購《波士頓環球報》，虧損奇慘。

《紐時》賣報的消息剛傳出，八月五日下午華爾街股市收市不久，即爆出七〇年代初揭發水門事件而扳倒尼克森總統的《華盛頓郵報》，因不堪長期虧損和股價下跌不振，決定以二億五千萬美元賣給四十九歲的亞馬遜網路商店創辦人傑夫・貝佐斯（Jeff P. Bezos）。消息傳出後，震撼美國媒體、政界和企業界。

葛蘭姆家族（Grahams）已擁有《華郵》八十年，現任該報董事會主席兼首席執行長是六十八歲的唐納德・葛蘭姆（Donald Graham），他的四十七歲外甥女凱瑟琳・韋莫斯（Katharine Weymouth）是發行人。八〇年代曾訪問台北並從蔣經國口中獲悉台灣將解嚴的《華郵》發行人凱莎琳・葛蘭姆是唐納德的母親、韋莫斯的外祖母。在葛蘭姆女士（二〇〇一年辭世）和總編輯班・布萊德里（Ben C. Bradlee）的合作下，把《華郵》辦成全國性大報，水門事件是轉捩點。

二十年前美國紙媒在網絡時代興起時開始步入寒冬。一九九三年《華郵》日銷八十三萬二千份，二〇一三年三月日銷四十七萬四千份。《波士頓環球報》二〇〇三年日銷四十萬份，二〇一三年日銷二十四萬五千份。葛蘭姆家族曾擁有《新聞周刊》，因虧損太大，二〇一〇年八月，以一美元賣給美國音響大王西尼・哈曼（Sidney Harman），但哈曼要承擔《新聞周刊》四千萬美元的債務。後來，《新聞周刊》與網路媒體《每日野獸》（*Daily Beast*）合併。哈曼於二〇一一年四月去世，其家屬不願再出資，《新聞周刊》乃停刊。目前又傳出周刊已賣給《國際商業時報》（ＩＢＴ），將繼續發行網路版。

過去百年，美國大報幾乎全由家族所擁有，但目前僅剩索茲伯格家族（Sulzbergers）擁有《紐約時報》。《洛杉磯時報》的錢德勒家族（Chandlers）、《華爾街日報》的班克勞夫特家族（Bancrofts）早已撤離報業，如今則是葛蘭姆家族拋棄傳統和歷史。在紙媒的荒煙蔓草中，任何一家報紙皆不可能永恒常青。

《華郵》創刊於一八七七年，猶太裔尤金・麥爾（Eugene Meyer）於一九三三年在破產拍賣中以八十二萬五千美元買下《華郵》，他把報紙傳給他的女婿菲力普・葛蘭姆（Philip L. Graham）。菲力普很有才華，但患有嚴重的憂鬱症，一九六三年舉槍自殺，《華郵》的經營責任即落在妻子凱莎琳（即韋莫斯的外祖母）身上。凱莎琳・葛蘭姆於九〇年代把報紙傳給兒子唐納德，而不是交給女兒拉莉（Lally，即韋莫斯的母親）。

韋莫斯於二〇〇八年接班，出任《華郵》發行人，但這位從未當過記者和編輯的葛蘭姆家族成員僅受過律師訓練（牛津、史丹福），在出任發行人的過程中，常遭批評。

她上台不久即聘《華爾街日報》總編輯到《華郵》當總編輯；二〇一三年年初又從《波士頓環球報》挖角請來總編輯馬蒂・白倫（Marty Baron，即電影《驚爆焦點》中的總編輯），而不從《華郵》編輯部提拔有才之士。

韋莫斯最受人非議的是，她曾計畫在自己的豪宅成立「沙龍」，以吸引企業家與政客參加，每月聚會一次，聽取內幕消息，入會費用為二十五萬美元。但她的這項構想尚未付諸實現，即遭外界痛批而作罷。

貝佐斯說他只是自己個人收購《華郵》，與亞馬遜公司無關。但在過渡時期，韋莫斯和現任總編輯白倫及大部分高幹都將留任。

貝佐斯是個極有創意的企業家兼經營專家，他與已去世的蘋果電腦創辦人賈伯斯同被稱為商界奇才。貝佐斯個人擁有二百三十億美元資產，億萬大富豪對紙媒有興趣，為步入寒冬的報業展現了一縷春意。

使《華郵》成為一流大報的布萊德里

七〇年代初，不顧尼克森政府壓力，繼《紐約時報》之後刊登〈五角大廈文件〉（Pentagon Papers，又稱〈越戰報告書〉），並指揮兩名年輕記者追查水門事件而導致尼克森總統下台的《華盛頓郵報》總編輯班哲明．布萊德里（Benjamin C. Bradlee），二〇一四年十月二十一日辭世，享年九十三歲。布氏被新聞界認為是二戰後美國最有影響力的總編輯，也是最受年輕一代新聞工作者仰慕的媒體前輩。

布萊德里出身於波士頓世家，是新英格蘭的權貴家族之一，他的舅公做過《浮華世界》（*Vanity Fair*，又譯《名利場》）雜誌主編。布萊德里年輕時即能說一口流利法文；他在哈佛主修英文和希臘文，比他大四歲的約翰．甘迺迪當時亦在哈佛，但他們並不熟，後來成為好朋友。布氏於一九四二年畢業後即服役海軍，隨艦轉戰西南太平洋，參與多次重要海戰。一九四六年，布氏到新罕布什爾州創辦一份小報，自己當記者，兩年後報紙關門。一九四八年，布萊德里到《華盛頓郵報》做記者，認識了該報的小老闆菲力普．葛蘭姆，葛蘭姆當時是副發行人，發行人兼大老闆是葛蘭姆的岳父尤金．麥爾。

葛蘭姆和甘迺迪亦為好友，一九六〇年民主黨全國代表大會，在葛蘭姆的積極撮合下，甘迺迪終於同意提名德州籍參議員民主黨領袖詹森為副總統候選人，甘迺迪的弟弟羅伯特大力反對，但其兄心意已決。詹森與羅伯特．甘迺迪極端不睦，促使羅伯特辭去司法部長職務，轉而競選紐約參議員。

一九五〇年十一月一日，布萊德里在白宮前面親眼目擊兩名波多黎各激進分子企圖射殺總統杜魯門。不久，經由葛蘭姆的推介，布氏出任美國駐法大使館助理新聞參事。一九五四年，布氏再回到新聞界，擔任《新聞周刊》駐巴黎特派員，三年後轉任該刊華府分社主任。其時，《新聞周刊》經營不善，編輯和記者上班時經常喝醉，社中亦無人才，銷量極差，遠不能和《時代》周刊相比。《新聞周刊》老闆有意出售，布萊德里大力遊說菲力普．葛蘭姆收購，獲葛蘭姆首肯，布氏成功介紹一筆交易，從中獲得一筆為數可觀的介紹費。五〇年代初，甘迺迪當選麻州聯邦參議員（和尼克森一起當選眾議員，同時選上參議員），搬到華府高級住宅區喬治城布萊德里的隔壁。

布萊德里於一九二一年八月二十六日出生，一九四二年（哈佛畢業那一年）和珍．沙敦斯陀（Jean Saltonstall）結婚，生了一個兒子小班哲明（現為《波士頓環球報》資深記者，不久前出版波士頓紅襪棒球隊打擊名將泰德．威廉斯〔Ted Williams〕傳）。一九五七年，布氏再娶安東妮特．平修德（Antoinette Pinchat），生了一男一女。布氏和甘迺迪做鄰居時，兩家往來頻繁，有些報導說風流成性的甘氏曾偷偷追安東妮特。甘氏追求無數女人，但無感情可言，全為了滿足性慾。甘氏後來追到安東尼特的姊姊（丈夫是中情局特務），不久，這個甘氏的情婦即被打死，死因至今不明。其時警方抓到一個黑人兇嫌，後無罪獲釋。甘迺迪於一九六三年十一月二十二日遇刺後，不少人責怪布氏為甘氏的淫亂保密，但布氏強調他當時並不知道甘氏的荒唐行徑。

患有嚴重憂鬱症和精神分裂症的菲力普．葛蘭姆於一九六三年舉槍自殺，終年四十八歲。其妻凱莎琳接管《華盛頓郵報》和《新聞周刊》，但她毫無新聞閱歷，也無經營企業的經驗。當時的《華郵》是一份三流報紙，連首都當地的《華盛頓晚報》和《華盛頓每日新聞》都比不上。凱莎琳於一九六五年聘布萊德里為《華郵》副總編輯，三年後出任總編輯，一九九一年退休。在這二十六年的時間裡，《華郵》從一份平庸的地方報紙蛻變為有水準、有內容又有影響力的第一流全國性大報之一。這種轉變和躍昇，布萊德里功勞最大，而女老闆葛蘭姆大力支持，要錢給錢，要人給人，充實編採陣容，亦都是《華郵》能夠和《紐時》對抗的原因。

《華郵》從三流變一流的關鍵是在一九七一年六月，曾在與政府關係密切的蘭德（Rand）諮詢公司做研究員的哈佛博士丹尼爾．艾斯伯（Daniel Ellsberg）從蘭德偷偷影印數千頁絕密檔案〈五角大廈文件〉，這份秘檔是當年國防部長麥納瑪拉（Robert S. McNamara）交代一批國防部（五角大廈）研究員撰寫美國捲入越戰的經過，事實上無機密可言，但尼克森政府卻列入秘檔。艾斯伯將影印秘檔交給《紐時》，該報花一個月時間秘密在旅館整理。文件登報後，尼克森政府即向法院要求下令不得刊登。不久，艾斯伯又將文件交予《華郵》，該報律師皆反對刊登，而且該報即將發行三千五百萬美元股票，一旦刊載，股市可能受到影響。但女老闆葛蘭姆支持布萊德里，同意刊登。許多人認為這是《華郵》一步登天的轉捩點。最高法院以六比三判決《紐時》和《華郵》有權刊登文件，高院表示：「人民享有知道政府做什麼事的權利。」

《華郵》在登載〈五角大廈文件〉的官司上獲勝後不久，又在水門事件上獨家大獲全勝，把《紐時》打得落花流水。一九七二年六月，《華郵》採訪市政與警察新聞的記者卡爾·伯恩斯坦（Carl Bernstein）和鮑布·伍華德（Bob Woodword）採訪到五名身份不明的人深夜闖入水門大廈民主黨全國總部想要偷印文件，被一名黑人警衛抓到。兩名記者鍥而不捨地追查，發現他們有尼克森競選連任總部的電話，又查到尼克森競選總部的支票竟存在五個闖客之一的銀行戶頭。在布萊德里的主導和指揮下，《華郵》積極追蹤水門事件新聞。尼克森雖未直接下令闖入民主黨總部，但他對整個事件甚為清楚，白宮錄音帶即為證據之一。尼克森且指示如何阻止司法調查，司法部長密契爾（John Mitchell）和尼克森的一批白宮高級幕僚皆相繼下台，尼克森亦於一九七四年八月九日辭職，成為美國歷史上第一個被迫辭職的總統。

《華郵》因報導水門事件而獲普立茲公共服務獎；在布萊德里擔任總編輯的二十六年期間，《華郵》共獲十七項普立茲獎，過去僅得過四次。水門事件使該報令人刮目相看，布氏不僅僱用好記者，亦鼓勵他們用心採訪，但一定要求真、要正確。布氏不僅注重採訪，他還把一個婦女版面改成時尚（Style）版，從各種角度報導文化、社交、文化和名人動態，廣受歡迎，甚至被其他報紙模仿（包括《紐約時報》）。

然而，《華郵》和布萊德里在一九八一年踩到了地雷，把他們的報譽和名聲炸得粉身碎骨。黑人女記者珍妮特．庫克（Janet Cook）是伍德華德的屬下，她有才華，能寫能採，但她急於成名，竟揑造了一個八歲黑人小男孩吸毒成癮的新聞。這篇報導刊出後，報社內部不少人即懷疑是虛假的、是無中生有的，但獲得了普立茲獎。結果，《華郵》內部調查出報導是揑造的，布氏向報社和媒體道歉，並退還普立茲獎，庫克則辭職。這是布氏總編輯生涯中唯一的污點。

布萊德里長相英俊，愛穿倫敦手工做的白領子、寬線條各種顏色的高級Turnbull & Asser襯衫。他講話時常夾雜粗話，有人說是在服役海軍時學來的。他不愛開會、不愛管人事、沒耐性、討厭官僚，但他求才若渴，很會鼓勵記者和保護部屬。一個名叫莎莉．昆（Sally Quinn）的漂亮女記者偷偷追他，兩個人先同居數載，於一九七八年結婚，生了一個弱智又有嚴重心臟缺陷的兒子，這個兒子現已結婚，娶了一個教瑜伽的女子。二〇一三年十一月，歐巴馬終於在白宮頒授美國平民所能獲得最高榮譽的「自由勳章」給布氏，那時他已患有失憶症。

不少媒體人喜歡把布氏和他同時代的《紐時》總編輯羅森索（A. M. Rosenthal）相比，羅氏（猶太裔）對《紐時》貢獻亦大，但《紐時》一直是一份一流大報。羅氏接掌編務，雖做了不少改革，但《紐時》早已傲視媒體，不像布萊德里出任《華郵》總編輯，在重要年代把一份三流報紙辦成一流大報，從此奠定了《華郵》在報壇上的地位和影響力，亦使神采飛揚的布萊德里留名報史。

水門事件的「深喉嚨」

揭發水門事件的關鍵人物「深喉嚨」（Deep Throat）隱藏三十三年後，終於在二〇〇五年初夏現身，他就是當年聯邦調查局第二把手馬克．費爾特（W. Mark Felt, 1913-2008）。如果沒有費爾特在華府一座地下停車場和《華盛頓郵報》記者伍華德進行午夜密會，不斷提供最機密、最敏感而又確實可靠的第一手資料，證明白宮和尼克森的幾個高級幕僚設計水門事件，則水門事件很可能變成一樁普通竊案，尼克森不會垮台，伍華德及其同事伯恩斯坦也就不可能獲得普立茲獎了。

伍華德從耶魯大學畢業後在華府服役海軍，常到白宮送交公文，就在休息室認識了常去白宮開會的費爾特，兩人雖相差二十多歲，但一見如故。伍華德進入新聞界工作後仍和費爾特聯繫，沒想到這位高級情治人員竟成為伍華德在媒體揚名立萬的「大貴人」。

一九七二年六月十七日水門事件爆發後，華府媒體只知道有五個小偷在半夜闖進水門大廈（住戶包括陳香梅）六樓民主黨全國總部，卻不知道幕後原因，警察局亦將該案列為一般竊案處理。但在半年後（一九七三年一月），其中一個小偷良心發現，主動向檢察官供稱共和黨的「總統競選連任委員會」幕後策畫他們闖進民主黨總部偷拍文件和裝置竊聽器，因共和黨高幹懷疑民主黨全國委員會主席歐白朗可能握有尼克森與億萬富豪霍華德·休斯（Howard Hughes）之間的一些非法財務往來紀錄。

新聞鼻敏銳的伍華德馬上想到聯邦調查局的代理局長費爾特（老局長胡佛去世不久），於是兩人展開了美國現代新聞史和情治史上最驚心動魄的秘密合作任務，擅長採訪的伍華德和善於寫作的伯恩斯坦在費爾特的指點下，聯手把調查矛頭逐步指向白宮。伍華德本來稱匿名提供消息的費爾特為「我的朋友」（My Friend，其實ＭＦ也是費爾特姓名的字首），但《華盛頓郵報》編輯部二把手霍華德·西蒙斯（Howard Simons）為費爾特取了一個當時轟動全美的色情電影《深喉嚨》的代號。從此，「深喉嚨」即成為名滿全球、大家都在猜測其身份的頭號神秘人物。

伍華德和「深喉嚨」約定直到費爾特去世後，方透露其身份。三十三年來，美國媒體和出版界不斷有人寫文章或出專書探究「深喉嚨」其人，從季辛吉、老布希、副總統安格紐到尼克森的助理戴安·索耶（Diane Sawyer，曾為ＡＢＣ電視新聞主持人），應有盡有，然無人猜中。事實上，尼克森很早就懷疑費爾特向媒體洩密；《洛杉磯時報》記者孟捷慕（James Mann）亦曾於一九九二年在《大西洋月刊》（*The Atlantic*）撰文點出費爾特就是「深喉嚨」，費爾特本人則一再否認。

費爾特以垂老多病之年打破三十三年的緘默，公開現身，動機何在？主要原因是他看到靠水門事件和「深喉嚨」而發跡的伍華德多年來連出十餘本暢銷書，已成為千萬富豪。尤其是數年前他和伯恩斯坦把他們所保存的採訪水門事件的資料賣給奧斯汀德州大學，賺了五百萬美元，而「深喉嚨」自己三十三年來卻分文未得，健康情況日走下坡。於是費爾特的女兒主動與伍華德聯絡，希望合作發表文章披露身份，以獲取一筆優厚的稿費，但遭伍華德拒絕，他認為費爾特腦筋已不太清楚，不願合作。費爾特的女兒只好委託律師與《眾生相》（*People*）、《浮華世界》等雜誌聯繫，要求以高額金錢換取「深喉嚨」的真實身份，均遭婉拒。最後始決定由律師在《浮華世界》撰文透露身份、稿費一萬美元。伍華德獲悉隱藏三十三年的秘密曝光後，便漏夜趕工寫書，陳述他和「深喉嚨」的關係。

「深喉嚨」現身引發了兩個問題，一是費爾特為什麼要向伍華德提供機密資訊？二是費爾特到底是英雄還是敗類？是愛國者還是叛徒？先談第一個問題。費爾特身為全國情治最高首長，完全清楚聯調局所主持的水門調查工作，同時又常參與白宮會議，故能掌握行政與情治兩個部門的最機密消息與最新動態，這也是許多專家一直猜不到其身份的主因。費爾特情願做「深喉嚨」的動機可說有公有私，他痛恨尼克森政府把聯調局政治化，更厭惡白宮事事干預聯調局調查水門事件。胡佛死後，費爾特以為自己會升上局長，未料尼克森卻找了一個與情治工作毫無淵源的格雷出任局長，費爾特極為不滿。因此在公私積怨之下，不惜違反紀律，和他所欣賞的「小朋友」伍華德直搗白宮。

以尼克森老部屬為主的右翼人士獲知「深喉嚨」的真實身份後，對費爾特痛加撻伐，異口同聲譴責他不道德、不忠貞，曾為尼克森撰寫講稿的極右派布坎南痛罵費爾特是「一條蛇」，亦即「卑劣的人」。水門時代擔任白宮法律顧問、在參院聽證會上首次透露白宮與水門案有關的狄恩，則表示對費爾特有「錯綜複雜的看法」。思想越來越開明的狄恩認為向伍華德提供資訊的不只是費爾特一個人，肯定還有別人。其實伍華德亦已承認有不少人提供消息給他。自由派人士對費爾特的做法大加讚揚，宣稱他救了美國的〈憲法第一修正案〉的律師艾布拉姆斯認為費爾特「做了一件光榮的事」。緋聞層出不窮的前總統柯林頓雖亦飽受匿名消息的煎熬，但他亦表示費爾特「做對了」。

右翼人士指責費爾特不循正常司法管道處理水門事件，卻和媒體合作對付政府，終於導致總統下台。客觀而言，當時費爾特已感覺到尼克森的爪牙遍布司法界和情治界，不可能公正調查水門案。也就是說，整部政府機器已告故障，他一個人難以回天，只得利用第四權來揭發政府的非法濫權。當時以《華盛頓郵報》為主的媒體在大炒水門新聞時，布坎南曾公開指控媒體試圖發動政變，這句話足以凸顯尼克森政府對媒體的仇視和畏懼。只有一個不行正道的政府，才會害怕媒體，視媒體如寇讎。

「深喉嚨」是現代最著名的匿名消息來源。媒體屢受惠於匿名消息，乃是不爭之事實，尤其是在政府秘密從事違法違憲行徑之際，媒體只能求之於匿名消息來揭露政府的黑暗，以無所畏懼亦無所偏袒的態度監督政府。如果媒體本身無從發揮第四權的力量，則政府必然會變成一個無人能夠約束的怪獸，遭殃的就是人民。「深喉嚨」的意外現身，掀起了全球媒體的新聞高潮，《華盛頓郵報》和伍華德、伯恩斯坦沒想到的是，他們所珍惜的獨家最高機密卻被《浮華世界》雜誌一筆戳破，真是情何以堪！難怪《郵報》垂頭喪氣，從不願意承認到被逼接受。現代美國新聞史上的一個大謎團，就這樣在初夏時分揭曉了！

《紐約時報》守護神

一九五七年（民國四十六年）十月的一個晚上，蔣介石夫婦在士林官邸設宴款待來台訪問的《紐約時報》發行人索茲伯格夫婦。席間，賓主談到了台灣的現狀、前途與中國大陸的情勢。蔣總統表示絕不放棄反攻大陸，並向亞瑟．索茲伯格（Arthur Hays Sulzberger）的太太伊斐珍「約定」：下一次在北平請她吃晚飯。

十六年後，也就是一九七三年（民國六十二年）的九月，伊斐珍一個人到了北京（索茲伯格已在一九六八年過世），在頤和園度過她八十一歲的生日，在萬里長城上與加拿大前駐華公使穰傑德（Chester Ronning）翩翩起舞，在人民大會堂與周恩來一起用餐，大談《紐約時報》和美中雙邊關係。那個時候，蔣介石的健康已大不如前了，他的光復大陸的願望，與伊斐珍約定的北平飯局，已經變成了不可能實現的良宵美夢。

又一個十六年過去了，在蔣介石、周恩來、穰傑德、索茲伯格墓草久宿的冬天，九十七歲的伊斐珍一九九〇年在康乃狄克州自宅去世，那天是二月二十六日，新英格蘭一帶仍是千里冰封的酷寒日子。

這位一生充滿好奇心、同情心與求知欲的嬌小婦人，在安睡中離開了她所熱愛的人間，但她對《紐約時報》的貢獻與影響以及和中國友人的情誼，卻是永恆的。

伊斐珍·歐克斯·索茲伯格（Iphigene Ochs Sulzberger）於一八九二年出生在田納西州的一個猶太家庭，她的父親阿道夫·歐克斯（Adolph S. Ochs）是田州《查達奴卡時報》的老闆。一八九六年，歐克斯買下財務欠佳、日銷只有九千份的《紐約時報》，全家從查達奴卡市搬到紐約。伊斐珍是獨生女，也是父母親的掌上明珠，他們教她如何讀報和品評報紙的好壞，並灌輸她如何辦報。

一九一〇年，伊斐珍進入紐約市巴納德女子學院（俗稱哥大女校）就讀。在大三那一年，伊斐珍到哥倫比亞大學新聞研究所（即哥大普立茲新聞學院）選課，為投身新聞事業做準備。在課堂上，漂亮的伊斐珍經常「偷看」一位瀟灑的中國留學生，這位留學生就是日後在中國新聞界與政界享有盛名的董顯光。

董顯光於一九一二年（民國元年）自密蘇里新聞學院第一屆畢業後，即轉往哥大新聞研究所深造。伊斐珍在一九七九年出版的回憶錄中，對她與董顯光邂逅的往事，有著詳盡地描述：「一九一二年秋天的一個早上，我開始在哥大新聞研究所選讀『近代歐洲文學』這門課。第一天上課時，我坐在班上最英俊的男同學的旁邊，這位英俊小生是個年輕的中國人。在那個時候，女孩子不能主動向男生開口，除非雙方已在正式場合被人介紹過，因此，我只能用眼角偷看他；很快地，我發覺他也在偷看我。在上了二、三堂課以後，有一天他鼓起勇氣問我是不是願意讀他寫的一篇文章。我答應了，但那篇文章有點怪怪的，主題是討論一種中國的報復習俗：在仇人的門口自殺，俾使自己的鬼魂騷擾仇人。不管怎樣，那位年輕人和我變成了極要好的朋友。他的名字叫豪靈頓・董（Hollington Tong），我問他為什麼取這個英文名字，他說，他是模仿威靈頓・顧（Wellington Koo，即顧維鈞）的英文名字而取的。」

伊斐珍繼續說道：「顧維鈞和董顯光後來都成為國民政府中的重要人物。顧維鈞是一名傑出的外交家，豪利（Holly，我常這樣叫他）則從上海的一份主要報紙的負責人（即英文《大陸報》*The China Press*），升為中宣部副部長，最後做了駐美大使。四〇年代初期，豪利陪蔣夫人宋美齡訪問美國，並進行募捐活動。豪利到了紐約後，曾請我們全家吃飯……經由豪利的介紹，我見到了蔣夫人。有一天，我回到家時，愛爾蘭籍女傭上氣不接下氣地說：『太太，中國的皇后剛剛打電話來找你，你快點打電話到華爾道夫大飯店去。』當然，我知道她說什麼。幾天前豪利就已告訴我將安排我見蔣夫人。我回了電話，蔣夫人邀請我飲茶。」

伊斐珍回億說：「在我和蔣夫人相處的一個小時中，她讓我滿足了許多期望。在美國人的心目中，她是一個女英雄，特別是紐約人最喜歡她。見過她以後，我了解美國人迷她的原因，她是一個相當聰慧而又有魅力的人。和她談話，我實在無法相信那些中傷她的流言，說她是一個自私而又毫無情義的女人。即使在她的聲望達到頂點時，也有謠言稱她挪用救濟中國難民的款項購買貂皮大衣和其他奢侈品；並說她奢華到極點，只能睡絲綢床單，在白宮作客的時候，帶了一批絲綢床單去。但散佈這些謠言的人，卻懶得去查證蔣夫人患有皮膚病，不能睡棉麻做的床單。居停紐約期間，蔣夫人在哥大附屬醫院（即長老會醫院）就醫，她的隨員包下了哈克尼斯病房大樓的整個一層，便衣特勤人員遍佈醫院。」

伊斐珍又說：「蔣夫人出院後，我即邀她到我家晚餐。我們的話題轉到她在繪畫上的才藝，亞瑟（即伊斐珍的丈夫亞瑟・海斯・索茲伯格）提到她送給溫德爾・威爾基（一九四〇年共和黨總統候選人）的一幅畫，並問她是否還有。」蔣夫人答道：「我送畫給威爾基先生，因為他到中國來看我們，如果你訪問中國，我也會送你一幅畫。」一直到一九五七年，我們才有機會接受蔣夫人送的中國畫（按：索茲伯格本人於一九五二年六月曾首次訪台）。」

伊斐珍與董顯光的異國友情，最光彩的表現是在一九四四年夏天，中美英蘇四國在華府舉行敦巴頓橡園會議期間。

敦巴頓橡園會議的目的，在於使四強之間，彼此先獲初步協議，以便於在舊金山會議揭幕時，能提出一項具有共識的聯合國憲章草案，以及聯合國內部組織、結構與運作的全盤計畫。但是，會議前夕的幾點跡象顯示美英蘇有點「鬼鬼祟祟」，似乎有欺瞞中國代表團的味道，他們秘密擬訂的方案，故意不讓中國代表團知道；此外，蘇聯代表團表示不願和中國代表團同席會議，堅決要和美英另行開會。

同時，中國代表團的內部也並不是完全「同舟共濟」、「相忍為國」，一開始，代表團團長人選問題就弄得烏煙瘴氣。會議雖然在美京華府召開，駐美大使魏道明自然是團長的當然人選，魏氏本人也極想當團長，因為英蘇兩國代表團團長皆為駐美大使（英國為哈利法克斯爵士，蘇聯是葛羅米柯），美國則為副國務卿史坦汀紐斯。重慶外交部也屬意由魏道明出任團長。然而，國府最高當局考量到魏氏在國際間的聲望不夠、外交歷練欠缺，乃想到應由駐英大使顯維鈞出任團長。由於重慶外交部的顢頇作業和國府「令出多門」的傳統，再加上派系鬥法，以致魏道明一直以為自己是團長，就近在華府積極打點。在倫敦的顧維鈞也一直認為自己是團長，全力準備赴美開會。結果雖然是顧維鈞做了團長，但顧、魏已交惡，雙方的人馬亦貌合神離。但「故事」還未結束，到了開會時，行政院副院長孔祥熙又想插一腳，他也想當團長，如此一來，魏道明極度不悅，中國代表團也束手無策，因代表團名單已送交美國國務院，但「孔財神」不管這些，他執意要參加，於是他做了「太上團長」。《顧維鈞回憶錄》第五冊（北京中華書局出版）中，對這段外交人事傾軋的「糗事」，有詳細的記載。顧維鈞說：「胡世澤（日後擔任聯合國副秘書長）對我說：孔祥熙和魏道明如何活動爭當代表團團長的情況……。他說，甚至宋子文都想親自率領這個代表團。」

在蘇聯的堅持下，敦巴頓橡園會議分成兩個階段進行，第一階段從一九四四年八月二十一日開到九月二十七日，美英蘇與會；第二階段會議自九月二十九日至十月七日，中美英聚首。

由於美英蘇的封鎖新聞，採訪會議的各國記者如熱鍋上的螞蟻，不知如何突破新聞封鎖線。在開會前，中國代表團曾由秘書長劉鍇負責草擬中國對聯合國憲章的基本觀點，交給美英兩國代表團參考。美英蘇進一步欺負中國的是：他們在第一階段會議所決定的有關聯合國憲章與組織的任何決議，在第二階段會議中不能作任何更改。所幸第一階段會議紀錄，中國代表團已從美國的管道中獲得，條件是必須保密。

中國雖列名「四強」，其實是「弱國」。在「弱國無外交」的頹勢下，中國有許多「苦水」要吐，代表團的高幹也許不敢衝決羅網，不願在國際會議上太過造次，但中低層的代表團成員，則不作如是觀，他們要一鳴驚人。

一九四四年八月二十三日一大早，美英蘇三國代表團和美國國務院官員翻開《紐約時報》時，他們都嚇呆了！他們個個驚駭得面無人色！由《時報》華府分社王牌記者傑姆士·雷斯頓（James Reston）署名的獨家新聞，詳細披露了敦巴頓橡園會議美英蘇三國對聯合國的構想與建議，以及中國代表團所提出的基本看法。除了新聞和分析之外，並在內頁附了十餘頁的特別報導，詳細公佈三國方案並將其和中國代表團的意見，作一全面比較。

美國國務院和美英蘇三國代表團憤怒到極點，聯邦調查局約談雷斯頓和《時報》編輯，也在美、英代表團中作調查，但毫無所獲。蘇聯代表團藉機「暴跳如雷」，大家都把矛頭指向英國代表團，咸認英方嫌疑最重。中國代表團的高幹，顧、魏等人也緊張，他們也作了內部調查，劉鍇等人都否認洩密，美英蘇皆未懷疑中國代表團。

大家在疑神疑鬼中，開完了一個夏天的會議，雷斯頓在第二年獲得了普立茲新聞獎。

三十五年後，伊斐珍在回憶錄中透露了這樁「獨家大新聞」的來龍去脈。伊斐珍說，雷斯頓能夠得到這條新聞，完全是拜賜她和董顯光的深厚友誼。她說，在四〇年代初期，董顯光即介紹他的二女兒董玫麗和女婿陳亦（均為密蘇里新聞學院畢業，董、陳後離異）給她，並與她的大女兒瑪莉安和大女婿奧威爾・德萊夫斯結為朋友。陳亦其時為中國新聞社（即國際宣傳處）華府分社主任，德萊夫斯又把陳亦介紹給雷斯頓。敦巴頓橡園會議期間，陳亦擔任中國代表團團員，而雷斯頓又恰好採訪會議，伊斐珍得意洋洋地說：「中國政府一定是想要將聯合國組織的秘密計畫曝光，否則像雷斯頓這樣的記者，也得不到文件。所以，就因為我當年在新聞學院時，多看了幾眼那位英俊瀟灑的年輕人，而使得《時報》獲得了舉世震撼的大新聞，雷斯頓也得了普立茲獎。」

雷斯頓證實了伊斐珍的說法，他是從中國代表團獲得文件，但並不是自陳亦手中取得，而是由中國代表團的年輕外交官顧毓瑞（Joseph Ku）那裡獲得。顧毓瑞曾在中國駐紐約總領事館和重慶外交部任職，後來追隨顧維鈞，在顧氏擔任駐美大使時，亦在華府雙橡園大使館任事，原籍江蘇的顧毓瑞和其兄長毓琇、毓瑔，皆為知名之士。

中國代表團如何「洩密」？誰是「深喉嚨」？是否由高層代表授意？似已成了歷史公案。顧維鈞的回憶錄和代表團另一成員張忠紱的《迷惘集》，只提到中國代表團有人走漏消息，但皆語焉不詳。

伊斐珍是重感情的人，她珍惜大學時代的友情，終生不渝。美國學者和作家撰文攻擊董顯光時，她會毫不猶豫地寫信去抗議：她很坦然地說，除了董家家人之外，她是世界上唯一關心史籍對董顯光評價的人。

伊斐珍與董顯光的友誼，尚有一段歷史註腳。魏景蒙在〈追隨董先生半個世紀〉一文中透露：「有一次，已故世的《紐約時報》老闆索茲伯格來台訪問，讌集中，董先生忽然對索茲伯格說：《紐約時報》發行人的位置本來是屬於我的，後來才被你搶走的。索氏聽到為之一怔，坐在旁邊的索太太立刻解釋她和董先生在密蘇里新聞學院（誤，應為哥大新聞學院）原是同班同學，而且共坐一張課桌，常常約會在一起。當時，誰能和她結婚，誰就有資格做《紐約時報》老闆的繼承人，因為歐克斯老闆沒有兒子，瑪麗（誤，即伊斐珍）．歐克斯小姐是他的獨生女。如果她嫁了董先生而不是嫁給索茲伯格，《紐約時報》發行人自然屬於董先生了。」

伊斐珍沒有嫁給董顯光，她的子女和孫輩亦無一與中國人聯姻。這一點「缺憾」，在她於一九七三年九月訪問中國大陸時，曾和周恩來有一段精彩的對話。

周恩來在人民大會堂湖北廳宴請伊斐珍和穰傑德。選在湖北廳是因為穰氏出生在湖北樊城一個加拿大傳教士家庭，與周恩來是老朋友，而且還能說湖北話。穰傑德的女婿西摩．陶平（Seymour Toppiing），那時正擔任《紐約時報》副總編輯。周恩來問起伊斐珍的家世和目前的家庭情況，伊斐珍說她有一個兒子和三個女兒、十幾個孫兒和二十個曾孫，有猶太人、黑人、白人，有猶太教徒、天主教徒和基督教徒，但沒有中國人，調皮的伊斐珍問周恩來怎麼辦？她想要一個漢家郎做她的孫婿或曾孫婿，她說，在《人民日報》登個廣告如何？周恩來說，《人民日報》不登廣告。伊斐珍堅持道，那她就在天安門廣場上貼大字報，周恩來答道：「拜託，拜託，別那樣做，你一貼大字報，就會引起暴亂。」

辯才無礙的周恩來遇到了反應靈敏的伊斐珍，一個是七十三歲的無產階級革命家，一個是八十一歲的自由主義資本家。周恩來問伊斐珍誰擁有《紐約時報》，伊答《時報》已有股票上市，「你不妨也買一股，」周答：「你真是一個優秀的宣傳家。」伊說：「我從事此道久矣。」她又說，《紐約時報》總是願意提供不同的意見，周說，你們絕對不可能登一篇主張美國變成共產國家或親共國家的文章，伊答道：「如果你寫一篇署名的文章主張美國赤化，我保證你的文章會刊在頭版上。」周笑曰：「我不願做紐約時報的專欄作家。」伊斐珍和周恩來一直談到午夜，始握手而別。

伊斐珍去世的第二天，《紐約時報》說她是「塑造《時報》歷史的中心人物」。就其家族而言，她的父親在一八九六年買下《時報》後，是第一任發行人，做到一九三五年，使《時報》起死回生，從九千份增至四十五萬份；她的丈夫是第二任發行人，自一九三五年做到一九六一年，奠定了《時報》為國際性首屈一指的大報地位；她的女婿德萊夫斯，做了第三任發行人，一九六一年至一九六三年；她的兒子亞瑟．歐克斯．索茲伯格於一九六三年起接班，一九九二年退休。她的孫子亞瑟．歐克斯．索茲伯格二世出任發行人。就伊斐珍本人的成就來說，在她漫長的生命中，她為《時報》的內容、水平和風格，為紐約市的環境、公園和植物園、為種族平等、教育和生活，付出了大量的時間、精力與金錢。她的活動力極強，而且是一個永不知停息的人，她樂善好施，也到處演說勸人出錢出力；她喜愛旅行，常與各國領袖討論天下事；她有第一流的好奇心和求知欲，她什麼都想知道。

當然，她最關心、最熱愛的，還是《紐約時報》。她每日細讀《時報》，認為有缺點的，她會寫張紙條給編輯和記者，表達她的看法，但她絕不把自己的意見強加給人；她認為值得喝彩的，她會寫信或打電話給報社同仁，稱讚他們。不論是一褒一貶或隻字片語，她總是以溫柔輕緩的方式出之，以巧妙精緻的手法行之。因此，在追悼會上，《時報》的老牌記者、寫《天安門日記》（*Tiananmen Diary*）的哈利森・索斯伯里（Harrison E. Salisbury）說：「她輕輕地觸摸這個世界，而全然不知道她所帶來的衝擊。」

伊斐珍的父親阿道夫・歐克斯，生前最喜歡說的一句話就是今天高懸在《紐約時報》大廳牆壁上的警句：「以大公無私的態度處理新聞，無所畏懼亦無所偏袒。」（To Give the News Impartially, Without Fear or Favor.）

伊斐珍的不朽貢獻，就是其父於一九三五年去世後，她即成為這句已被全球報人奉為圭臬的金玉良言的忠誠保母。她不僅護衛它，而且在生化轉變的大世界中，使它賡續發揚光大。

伊斐珍真正是《紐約時報》的「守護神」。

華府新聞界泰斗雷斯頓

一九六一年一月，華府充滿了新氣象，年輕的總統上台了。甘迺迪顯得躊躇滿志；內閣部長俱為一時俊彥；泰半由長春藤盟校精英組成的白宮幕僚，更是意氣風發。甘迺迪所挑選的部長和幕僚，被稱為是「出類拔萃」（The best and the brightest）的一代。

這批才具之士初抵華盛頓，志得意滿之際，有點目中無人，他們不太把白宮記者群放在眼裡，他們只巴結媒體王國的老闆如《時代》與《生活》發行人亨利．魯斯（Henry R. Luce）、名專欄作家如李普曼（Walter Lippmann）以及少數名記者如《紐約時報》華府分社主任傑姆士．雷斯頓（James Reston）。

甘迺迪的白宮顧問、頭號智囊兼首席撰稿人蘇仁森（Theodore Sorensen），態度尤其高傲，對記者不理不睬，甚至惡言相向。蘇仁森如此跋扈的原因是，他和總統是老友，甘迺迪所有重要的演講（包括就職演說）、聲明和文章，幾乎皆出自他的快筆，據稱使甘迺迪獲得普立茲獎的著作《當仁不讓》（*Profiles in Courage*，又譯《勇者的畫像》），也是蘇仁森代為捉刀。

趾高氣昂的蘇仁森把《紐約時報》駐白宮記者威克爾（Tom Wicker）整得很慘，並刻意修理他。初出茅廬的威克爾乃向分社主任兼首席特派員雷斯頓訴苦告狀，雷斯頓是華府新聞界的龍頭老大，聽到部屬被欺實情，怒不可遏，立即打了一通電話至白宮找蘇仁森。雷斯頓不慍不火地對蘇仁森說：「聽說你常整威克爾，是否有此事？我想告訴你的是，你們這批人還沒有到華府來的時候，我們已經在這兒待很久了；你們終會離開華府的，你們走了，我們仍然在這裡。你們以後千萬要善待我們的記者。」雷斯頓又告訴他：「我不希望我的屬下被人修理。」從此，威克爾揚眉吐氣了，也可以一展長才了，在雷斯頓的提拔下，威克爾做到了華府分社主任和《時報》的專欄作家。

馳騁報界半世紀的傑姆士．雷斯頓，一九九一年推出了美國新聞界、政界和學界期待已久的回憶錄《截稿時間》（*Deadline*），全書五二五頁，售價廿五美金，紐約蘭燈書屋出版。

雷斯頓一九〇九年出生於蘇格蘭，因此友人都叫他 Scotty。十一歲時全家移民來美，落戶俄亥俄州，家境清寒。在香檳城伊利諾大學讀書時，喜歡運動，學業欠佳，當過伊大高爾夫球校隊隊長，獲中西部十大聯賽冠軍。畢業後，做過辛辛那提市「紅人」職業棒球隊公關主任，後加入美聯社，跑體育新聞；二次大戰前被調往倫敦，一九三九年跳槽至《紐約時報》倫敦分社，此後即與《時報結下「終身良緣」，擔任過發行人助理、華府記者、華府分社主任兼首席特派員、執行總編輯和專欄作家。一九四五年和一九五七年兩度獲普立茲最佳採訪報導獎；一九八七年正式退休，全力撰寫回憶錄，但仍經常撰文評論時事。一九八六年，雷根總統贈他「總統自由獎章」；一九九一年，得「羅斯福總統四大自由獎章」；有二十八所大學頒給他名譽博士學位。

在四〇至六〇年代裡，雷斯頓是美國新聞界的一顆巨星，被無數的年輕記者尊為偶像，大家崇拜他、模倣他，前《新共和》（*The New Republic*）雜誌資深編輯兼電視評論員康德拉克，年輕時隨時在口袋擺一張雷斯頓的照片，因為「他想要做雷斯頓」。

在漫長的五十載新聞生涯中，雷斯頓表現最好的是在華府跑新聞和主持《時報》華府分社。他的長處是：有極敏銳的新聞嗅覺、勤快、善於培養關係、窮追不捨、判斷力強、文筆清新活潑有力、有歷史感和國際政治觀念、視野開濶、不斷發掘優秀人才並加以培養。雷斯頓說，他在一九四一年抵達華府後，即深深了解到，要在美國首善之區做好一個記者，必須記住三件事：（一）不要只顧向權力中心人物挖新聞，大新聞和獨家新聞往往是一些中下級官員或微不足道的小官透露出來的，也就是說要和權力邊緣人物發展關係；（二）新聞從業員不要一天到晚參加社交酒會和餐會，虛擲時間，如此「只會增加體重而不會增加知識」；（三）新聞從業員應專注報導新聞，不要企圖影響政府決策。

雷斯頓做記者時，最喜歡搶獨家新聞，而且是特大號的新聞，他在這方面的表現，在美國新聞史上允稱第一。只有後來因「水門事件」而名噪一時的《華盛頓郵報》記者伯恩斯坦和伍華德，差堪望其項背。

雷斯頓所搶到的獨家新聞，不勝枚舉，其中包括：（一）一九四四年向中國代表團挖到敦巴頓橡園會議的全部機密文件，此舉使雷斯頓獲普立茲獎；（二）五〇年代初期，首先揭露「馬歇爾計畫」內容；（三）一九五三年三月，向國務卿杜勒斯和主管公共事務的助卿麥卡德下功夫，大力遊說，獲得雅爾達密約全文，英國反對刊出，但在雷斯頓的設計下，《紐約時報》以五十頁篇幅登出密約三十八萬五千字全文，舉世震撼；（四）五〇年代初期，首先透露美國「原子彈之父」歐本海默受到安全調查，震動全球科學界；（五）一九五六年報導艾森豪與史蒂文生兩度交鋒，獲普立茲獎；（六）一九六一年，甘迺迪與赫魯雪夫在維也納舉行高峰會議，赫大罵美國，威脅「少不更事」的甘迺迪，會後甘迺迪接受雷斯頓獨家專訪，向全世界報導甘迺迪被赫魯雪夫威脅後，「餘悸猶存」、「戰慄不已」。在專訪中，甘迺迪首次表示美國將加緊以人員或軍火裝備越南，以示「不屈」，為美國捲入中南半島泥淖之先聲。

此外，在一九五六年大選前，艾森豪心臟病復發，全美都想知道艾克是否將競選連任，但艾克及周圍的人皆不表示意見，艾克的健康是否能勝任亦為疑問。一天，艾克的私人醫生、著名心臟專家懷特赴國會作證有關艾克的病情，數百名記者群集國會山莊採訪。懷特的座車抵達時，記者蜂擁而上，車門一開，雷斯頓赫然與懷特一道下車，雷斯頓早已從懷特口中知道艾克決定再度出馬。

雷斯頓雖搶到了不少獨家新聞，但也會漏了一些新聞，這些新聞本來是他的獨家，然因在主觀上認為「不可能」，而坐失良機。其中最有名的是，一九六〇年甘迺迪獲民主黨提名為總統候選人，然無人知道他將提名何人為副總統。在民主黨提名大會上，甘迺迪與詹森競爭最為激烈，兩派人馬互不相容，仇視不已，大家預料甘迺迪一定不會提名南方佬詹森。但在副總統名單發表前夕，康乃狄克州州長李比科夫偷偷向雷斯頓洩露，甘迺迪已決定提名詹森，雷斯頓堅決不信，認為絕不可能，乃未發新聞。李比科夫是甘迺迪的親信，在提名大會上扮演極重要角色，可惜雷斯頓「過度不信邪」。

雷斯頓出身窮困的移民家庭，在新大陸力爭上游，頗為感激美國對他的「養育之恩」。因此，他的愛國之心頗強，對有損美國國家利益和國防安全的新聞，即使是獨家，亦寧可放棄，或以「沖淡」方式處理。例如，甘迺迪上台之初，美國中央情報局訓練了一千名以上的古巴流亡軍，準備登陸豬灣，反攻古巴，試圖「裡應外合」推翻卡斯楚政府。《紐約時報》獲得了獨家消息，總編輯打算在頭版上大登特登，但《時報》發行人知道後，認為不妥，乃就商於總編輯和雷斯頓。兩人同意予以淡化，把「中情局」和進攻「迫在眉睫」等字眼拿掉，四欄題變成了一欄題。豬灣登陸終於爆發，流亡軍慘敗，甘迺迪政府懊惱不已，聲望與形象大受打擊。後來，甘迺迪對當時的《時報》總編輯卡雷智說：「如果你們事前大做這條新聞的話，我也許會下令停止侵略行動。」又如美國間諜飛機Ｕ2高空偵察機在蘇聯上空飛行了好幾年，雷斯頓知道，《時報》也知道，但基於愛國，卻未加以報導。直至一九六〇年五月鮑爾斯駕駛的Ｕ2被擊落，全美和全世界才知道有Ｕ2的存在。

雷斯頓是個謙沖君子，他提到了兩件使他終身不敢或忘的「糗事」。第一件是他在俄亥俄州做地方報紙體育記者的第一天，奉派採訪賽馬新聞時，因所坐的位置角度不佳，為了搶發新聞，把亞軍之馬報為冠軍，幸好及時更正，但報老闆已不悅矣。第二件是一九四一年，初抵華府，到國會採訪的第一天，竟把國會通過擢升《紐約時報》總經理艾德勒上校為准將的新聞漏掉，結果各報皆有，《時報》獨漏，雷斯頓只好親向總經理道歉，艾德勒冷冷地向雷斯頓說：「幸好你不是在《芝加哥論壇報》老闆麥可邁克上校底下做事！」麥可邁克（Colonel Robert R. McComick）以冷酷無情出名，雷斯頓如係他手下，準被炒魷魚。

雷斯頓主持華府分社十一年（一九五三至一九六四），這是他新聞生涯裡的黃金時代。他跑新聞、提拔新人，改進《時報》的新聞寫作方式，使暮氣沉沉的《時報》新聞寫法變成生動輕快；他崇拜李普曼，學他的文體和國際主義觀點，也學他提拔新進的熱忱。雷斯頓自認比李普曼多了一項長處，就是他跑新聞、搶新聞，而李普曼只會寫寫專欄。雷斯頓不僅採訪新聞，亦寫專欄，從一九五三年寫到一九八七年，一週三篇，極受海內外重視，在新聞與專欄的兩把利刃下，雷斯頓在華府成為「言論界的驕子」，穩握「第四權」，影響力無人能比。一九六八年，雷斯頓做了短期和過渡性的執行總編輯，他不喜行政工作，而《時報》紐約總社編輯部派系林立、鈎心鬥角。雷斯頓說，他雖在總社擔任執行總編輯，但卻有「局外人」的感覺，約莫一年，他即辭卸老總職務，回到華府繼續寫專欄。

雷斯頓為《時報》留下了許多良好作風和資產，其中最大的一件是培養人才。經他訓練而獲得普立茲獎的「時報人」有專欄作家羅素．貝克、大衛．哈伯斯坦、尼爾．希漢、安東尼．路易斯、麥克士．法蘭柯等人，麥克士．法蘭柯後來做到《時報》執行總編輯。當年法蘭柯因不滿紐約編輯部常擅改其新聞稿，憤而要提出辭呈，轉任一雜誌主編，雷斯頓勸他說：「我完全同意你對編輯部的批評，但你願意放棄時報這個『講台』嗎？」法蘭柯乃打消辭意，一九七二年更因採訪尼克森總統訪問中國，而獲普立茲最佳採訪獎。

雷斯頓一九五三年曾訪問台北，與蔣介石做了一個半小時的訪談，蔣對他說，如美國提供他所要求的軍援，他可「在半年內」率軍登陸中國大陸。雷斯頓於一九七一年夏天訪問北京時，曾與周恩來進行六小時的專訪，周請他吃飯。在人民大會堂福建廳的訪問和晚宴，一直持續到午夜。雷斯頓問周恩來，中共領導人是不是有回憶錄待發表，《紐約時報》一定會刊出，周答說，中共領導人是在「創造歷史而不是撰寫歷史」，故沒有留下任何回憶錄。雷斯頓北京之行最出名的是在「反帝醫院」動了一次盲腸手術，並輔以針灸麻醉，周恩來曾至醫院看他。「反帝醫院」即美國煤油大王洛克菲勒出錢興建的協和醫院。雷斯頓在北京割盲腸的消息傳到美國時，一些右派專欄作家即宣揚中共已在雷斯頓的手術部位，「裝置了一具廣播機」，以便雷斯頓日後為中共作傳聲筒。

雷斯頓說，周恩來一直在訪問中問他，當年他曾要求印度駐北京大使警告華盛頓，如美軍越過三十八度線，共軍將會反撲打進朝鮮半島，如只是南韓軍隊越過停戰線，中共則不派兵。周問道：「美國為何一再漠視中國的警告？」雷斯頓答說，杜魯門政府接到了警告，但麥克阿瑟將軍再三向政府保證中共不會出兵，而且半年內可打贏韓戰，讓美軍回家過聖誕節。

雷斯頓在中國大陸訪問的時候，剛好碰上季辛吉首次秘訪北京，雷斯頓完全不知道老季隱藏在北京，老季則知道雷斯頓的行蹤，老季對中共官方說：「有一個美國人現在中國，這個人我最不想看到，此人即你們邀請來訪問的紐約時報的雷斯頓。」中共只好把雷斯頓擱在廣州幾天，等老季一走，始讓他北上。

雷斯頓從事新聞工作逾半世紀，認識十位總統、無數的顯要。在回憶錄中，他敘述了對這些名人的印象和觀感，也談到了他對美國過去與未來的看法。雷斯頓是一個溫和的自由主義者，受李普曼的薰陶極深，他欣賞艾奇遜，不喜杜勒斯，反對老布希出兵波斯灣。

一九九五年以八十六歲高齡辭世的雷斯頓，一生受其母親和妻子的影響很大。其母家教極嚴，其妻則助其向上（伊利諾大學先後期同學），結婚近六十年，感情彌篤，育有三子，各有所成。雷斯頓不喜自誇，故其回憶錄可讀性雖高，但許多篇章偏向專欄式的寫法，評論多於敘事，抒感重於回憶。許多關鍵性的大事和採訪經過，以及他所經歷的《時報》內部變遷，著墨反而不多，無內幕亦無「獨家新聞」。故要進一步了解雷斯頓其人，仍需參看其他專書，如蓋・塔拉西（Gay Talese）的《王國與權力》（*The King and the Power*）（《時報》非正式報史）及大衛・哈伯斯坦（David Halberstam）的《掌權者》（*The Power that Be*）、蘇珊・悌芙特（Susan Tifft）和艾力克士・瓊斯（Alex S. Jones）夫婦合著的授權紐時報史《信託》（The Trust）以及約翰・史塔克斯（John F. Stacks）的《蘇格蘭人：雷斯頓和美國新聞界的興衰》等。

雷斯頓是二十世紀美國報界的歷史性人物，其人其事其書都值得華人讀者的研究。

誰是敦巴頓會議的「洩密者」？

一九四四年夏天，敦巴頓橡園會議機密文件「洩密」的風波，因《紐約時報》已退休的總編輯傑姆士・雷斯頓（James Reston）一九九一年出版了回憶錄《截稿時間》，而引起當事人的辯白與否認。

關於中國代表團在敦巴頓會議中洩密一事，筆者最早在一九八四年十月十日的《美洲中國時報》上撰文，首先向華文讀者揭露這一段饒有趣味的史事。筆者指出，將美、英、蘇三國所擬妥的國際組織方案及戰後和平重建計畫的秘密文件，洩露給雷斯頓（時為《紐約時報》華府分社記者）的是中國代表團副新聞官陳亦。一九九〇年三月十七日，筆者在《中國時報》人間副刊發表〈紐約時報的守護神〉一文，曾根據雷斯頓登出的部分回憶錄內容，指稱中國代表團年輕外交官顧毓瑞為洩密者。拙文刊出後，當時仍在台北的顧毓瑞即致函「人間」編輯，否認他是洩密者。

「人間」於三月二十一日登出顧氏來函，該函全文如下：「頃讀貴副刊本（十七）日刊載：『紐約時報的守護神』一文內，提及本人將敦巴頓橡園會議中國代表團之秘密文件洩密交《紐約時報》雷斯頓先生一節，顯與事實不符。因一九四四年八月之敦巴頓會議本人並未參加，亦未曾與雷斯頓有任何接觸，本人是時尚在重慶外交部情報司任職，至一九四六年春方隨顧維鈞大使至駐華府中華民國大使館任職，故絕無在一九四四年與《紐約時報》接觸，更無洩密之舉動。」

雷斯頓在回憶錄《截稿時間》中說：「大戰前幾年，伊斐珍．索茲伯格安排一個叫顧毓瑞（筆者注：應是陳亦，董顯光的女婿）的年輕中國學生到《紐約時報》編輯部實習。我很喜歡他，並設法幫助他，但他在實習結束後，就返回中國，我一直沒再見到他，直到他以中國代表團成員身分在敦巴頓橡園出現。我歡迎他回來，同他詳細討論會議細節，並很高興發現他不僅知道主要國家的建議，而且擁有美國、英國、蘇聯和中國代表團正在商議的建議案全文。我稱讚他年輕有為，並表示這些良好的建議如果不能與在戰爭中受害的人民分享，那實在很可惜。我說我擔保唯一的紀錄性報紙《紐約時報》，將很樂意合作使其公諸於世，《時報》亦願提供必要篇幅，使這些文件慎重而完整地刊出。他毫不猶疑地打開一個大手提箱，把全份整整齊齊譯成英文的文件交給我。我並不認為有人指使他這樣做，我也沒問他；我拿到手就跑，真是跑，一路跑回《時報》華府分社辦公室，交給分社主任阿瑟．柯洛克。他沒問我怎麼弄來的，故我讓他覺得這是我每天例行弄到手的東西。」

雷斯頓說，伊斐珍．索茲伯格安排顧毓瑞到《紐約時報》實習，但顧氏稱他從未在《時報》實習過，一九四六年以前不認識伊斐珍，也不認識雷斯頓。

伊斐珍．索茲伯格老太太（即《時報》的「守護神」），已在一九九〇年二月二十六日以九十七歲高齡去世，已「死無對證」，但她是第一個透露中國代表團洩密詳情的人，她在一九八一年出版的回憶錄中說，洩露文件的是陳亦。

陳亦在抗戰期間，偕其妻子董玫麗（董顯光的二女兒）負笈密蘇里新聞學院，學成後即出任國際宣傳處（中國新聞組）華盛頓辦事處主任、《申報》駐美特派員等職。陳亦的老丈人董顯光一九一二年秋天進入哥倫比亞大學新聞研究所就讀時，與《紐約時報》老發行人阿道夫・歐克斯的女兒伊斐珍（即現任時報發行人亞瑟・歐克斯・索茲伯格二世的祖母）同學，倆人極為友好，伊斐珍差一點嫁給董顯光。

一九四三年二月，宋美齡訪美，在董顯光的安排下，宋美齡擺設了一桌中國菜款待伊斐珍和她的丈夫《時報》發行人亞瑟・海斯・索茲伯格。席間，伊斐珍的大女兒瑪莉安和先生奧威爾・德萊夫斯（六〇年代擔任過《時報》發行人）與陳亦、董玫麗相談甚歡。萬萬沒有想到的是，第二代的友情竟為第二年（一九四四）的敦巴頓橡園國際會議中國代表團立下了大功，為中國的外交攻防戰寫下了歷史新頁。

耳聰目明的中國代表團對美、英、蘇的「陰謀」早有所聞，並已秘密採取對抗性措施，以確保國家利益和國際正義。

陳亦就在這種強權政治的爾虞我詐之下，扮演了一個歷史性角色。

敦巴頓會議第一階段的美、英、蘇會議，於一九四四年八月二十一日揭幕後，即在神秘的氣氛中進行，大批軍憲警負責守衛十六英畝的橡園和每一幢建築物，特別是音樂廳改裝的會場。同時，嚴禁記者進入橡園採訪，美、英、蘇代表更是對會議過程和早已擬妥的方案守口如瓶，「滴水不漏」。然而，作為一個將參加第二階段會議的與會者，中國代表團有權知道會議過程和方案內容。

群集在華盛頓的記者，對橡園會議的保密措施深感頭痛。在記者群萬般無奈之際，伊斐珍的大女婿德萊夫斯趕到華府，介紹雷斯頓與陳亦認識。在一見如故、兩相情願下，陳亦與雷斯頓展開了一場高度機密的合作。陳亦非但答應將每日會議過程告訴他，並將中國代表團所獲得的英、美、蘇大案全盤宣洩給雷斯頓，對雷斯頓而言，這不啻挖到了「金礦」。對中國代表團來說，只有將三強秘密文件大白於世，始能防止美英蘇閉門造車、私心自用；也唯有訴諸像《紐約時報》這樣的「世界性」大報，才能維護中國本身的利益，並制約強權內心中的「鬼胎」。

一九四四年八月二十三日，美、英、蘇會議只進行到第三天，新聞終於爆發了！《紐約時報》以頭版顯著地位和數頁篇幅刊出美、英、蘇方案，舉世大譁，三強驚駭。不僅如此，雷斯頓還逐日詳盡報導會議過程與細節。

雷斯頓雖成眾矢之的，但他只在口中迸出一句：「我的報導是根據一個『無懈可擊的消息來源』。」美國新聞界畢竟是識貨的，一九四五年，新聞界桂冠普立茲獎得主名單公佈時，雷斯頓即以揭露敦巴頓會議秘聞而獲得「最佳國內電訊報導獎」。雷斯頓在《紐約時報》工作半世紀，歷任駐歐記者、華府分社主任、執行總編輯、專欄作家。

據報載，顧毓瑞曾和雷斯頓通話。顧說，雷斯頓承認可能記錯了。

以伊斐珍所述和陳亦從事新聞工作的背景來看，似以陳亦洩密的可能性較大。一般而言，外交官較謹慎持重，特別是在大型的國際性會議上，中國外交官顯得保守，不太敢放手一搏。陳亦與董玫麗離異後，曾在台北中廣公司當顧問。顧毓瑞曾於紐約總領事館、重慶外交部、駐美大使館和其他駐外使館中任職，並在亞盟、世盟中擔任高級職務。顧氏原籍江蘇，其兄毓琇、毓琭皆為知名人士；顧維鈞對顧毓瑞頗為倚重，但顧維鈞的第三任妻子黃蕙蘭在回憶錄《無不散的筵席》（*No Feast Lasts Forever*，一九四三年初版，一九七五年重印）中，對顧毓瑞卻頗有微詞。

中國外交官在外交壇坫上膽子不大，但在私生活上卻頗「勇往直前」，常找情婦、換老婆。故有人戲稱蔣介石所提倡的「新生活運動」（New Life Movement）應改為「新太太運動」（New Wife Movement），如顧維鈞、蔣廷黻等人皆是，史學家吳相湘曾為文論之。

黃蕙蘭說：「他（顧維鈞）每個週末都在紐約，從星期五待到星期二，跟服務於聯合國的情婦（嚴幼韻女士，後嫁顧，二〇一五年九月在紐約歡度一一〇歲生日）一起。他帶她到波多黎各去玩。有一次他奉召返台北述職，也帶她同去。有人寄一張報紙上的照片給我，照片上他正步下飛機，一個人走，但背景卻是他的私人秘書顧毓瑞挽著那個女人。」

數十餘年前的「洩密」事件，對國家、對國際輿論，確是一樁好事。雷斯頓或許記憶模糊，弄混了人；伊斐珍倒可能記對了人。在時光飛逝之下，當年的見證人皆已離開了歷史現場，都無法出面說清楚了！

採訪不輟的特派員索斯伯里

一九二〇年代末葉，正值美國進入經濟大恐慌時期，一位在明尼蘇達大學讀書的美國學生，終日幻想到遙遠的中國當新聞記者。他一面主編校刊，一面盤算如何以自力更生的方式搭貨車到舊金山，再上船做苦力到東方去。他選修了中國歷史的課程（全校只有兩門課與中國有關），並和已到天津租界當英文報記者的校友聯繫，他熱切地希望能到中國去。但他發表在校刊上的一篇精彩報導，被合眾社看中了，馬上聘請他當地方記者；由於當時謀生困難，他立即答應了，於是，他的「中國夢」乃成泡影。

這位去不成中國的學生就是日後名震美國新聞界的哈利森・索斯伯里（Harrison E. Salisbury）。被譽為「美國新聞史上最傑出記者之一」的索斯伯里，一九九三年七月五日因心臟病突發去世，終年八十四。身材高大的索斯伯里是半世紀以來美國的頂尖記者，他對新聞工作的狂熱、對採訪的執著、對寫稿的認真、對突發事件的興奮以及對當權者的挑戰，使人懷疑他身體動脈中所流動的並不是血液，而是油墨。

索斯伯里在合眾社（後來與國際社合併）工作了十八年，足跡遍及美國各地，亦採訪過二次大戰。一九四九年冷戰方酣之際跳槽至《紐約時報》，出任駐莫斯科特派員，在史達林高壓統治的時代，索斯伯里的通訊一篇篇從鐵幕內傳出，成為西方領導人和蘇聯問題專家競相爭閱的材料。一九五三年三月史達林神秘死亡之前，新聞鼻極為敏銳的索斯伯里事先即已嗅出紅場氣氛的特殊異樣；乃和時報總社聯絡，設計暗號，一俟官方宣布死訊即立刻見報，並配以分析性報導。果然，索氏在報導史魔死亡的新聞戰上，打了一場大勝戰。一九五四年索斯伯里調返紐約後，連續發表十四篇〈重估蘇聯〉的文章，以總結其五年駐俄經驗，而榮獲普立茲最佳國際報導獎。

索斯伯里做過《紐約時報》國內要聞組主任（最有名的是一九六三年十一月指揮採訪甘迺迪總統遇刺）、副總編輯和言論版首任主編，一九七三年退休。除了採訪之外，索氏對《時報》的最大貢獻之一為「發明」言論版。言論版的名稱為 Op-Ed Page，如照字面解釋則有兩種涵義：一、因版面在社論版對頁，與社論版「相對」；二、言論版所刊之評論文章，作者包括《時報》本身的專欄作家和外稿，言論獨立，文責自負，見解常與《時報》社論「對立」。故Op-Ed即是Opposite-Editorial 的簡稱。索斯伯里於一九七〇年開始主編言論版，奠定了該版的獨特風格；此後美國各大報即模仿《紐約時報》，紛紛開闢Op-Ed Page。

索斯伯里的才華是多方面的。在新聞上，他能採訪、能寫、能編、能指揮調度、能挖新聞（甚至製造新聞）。已故的《時報》總編輯透納・卡雷基（Turner Catledge）即曾說索斯伯里是「新聞界的一人幫」，所謂「一人幫」即「一腳踢」，從採到編，一人全包。更厲害的是，索斯伯里又是個永不知疲倦的作家和永遠好奇的業餘史家，他熱愛寫作，一生寫個不停，出版了二十九本專著，最後一本為《與我同時代的英雄們》（*Heroes of My Time*），則在其去世前不久出書。索氏的著作不乏膾炙人口的暢銷書，如《列寧格勒圍城九百日》（*The 900 Days: The Siege of Leningred*）、《中蘇之戰》（*War Between Russia & China*）、《時代旅程》（*A Journey For Our Times*）、《黑龍江大火》（*Great Black Dragon Fire*）、《長征》（*The Long March: The Untold Story*）、《天安門日記》和《新皇帝》（*The New Emperors*）等。二十九本著作中有十本與蘇聯有關，關於中國的即有六本。

索斯伯里在大學時代立志到中國當記者的願望，一直沒有實現。而他想訪問中國大陸的熱望，亦在歷經波折之後，於一九七二年成行，距他醞釀「中國夢」的時代，已隔了四十餘年。索氏常回憶說，二次大戰期間合眾社曾一度要把他從倫敦調至重慶，他飛到加爾各答等飛機赴昆明時，合眾社又臨時派他到紐約，使他第二次錯過到中國的機會。五〇年代在莫斯科住了五年，也採訪過周恩來和其他中共要員訪蘇的活動，但卻苦無機會訪華，只能在西伯利亞和中蘇邊界遠眺中國，這是他第三次失去機會。六〇年代中期，《時報》總編輯克立夫頓・丹紐爾（Clifton Daniel，杜魯門總統女婿）派索斯伯里周遊中國大陸四周鄰國，並向北京申請入境採訪；但他只能在北韓、蘇聯和中南半島一帶逡巡而未能足履華夏，這是他第四次吃到閉門羹。索氏是個極有耐性的人，他的「頑強」（tenacity）在新聞圈裡是出名的。一九七二年索氏如願以償首訪中國大陸，並在人民大會堂與哈佛大學的兩位「中國通」費正清、孔傑榮，同獲周恩來的午夜款宴。

此後，索氏重訪中國多次，一九八四年追尋共軍當年「兩萬五千里長征」的足跡，沿途訪問紅軍老人和蒐集資料，寫了一本《長征——前所未聞的故事》。一九八九年天安門事件期間，無孔不入的索斯伯里剛好在北京，在天安門周邊，目睹共軍的鎮壓。

天安門事件使索斯伯里既傷心又憤怒。多年來，索氏對中國大陸一直抱持極為友善同情的態度，同時亦夾雜了不少憧憬與幻想，但天安門廣場的血腥事件驚醒了索斯伯里。返美後處處演講、撰文，抨擊中共，但他的基本立場並未改變——仍然愛中國。索氏對中國與蘇聯的觀點，代表了一般美國記者與學者的「情意結」：他們愈了解蘇聯就愈討厭它，愈認識中國就愈喜歡它。

索斯伯里並不諱言，在中國近代人物中，他最欣賞的是宋慶齡和周恩來。尤其是主持中共內政與外交達四分之一世紀的周恩來，索氏稱他為「無與倫比的宮廷大臣」（the Consummate Courtier）。索氏最津津樂道的是一九五四年周恩來開完日內瓦會議返國，途經莫斯科時，他親眼目睹周恩來談笑風生舌戰蘇聯群酋。

那年夏天的一個晚上，周恩來與馬林可夫、莫洛托夫、布加寧、赫魯雪夫、米高揚、卡岡諾維奇等人同餐共飲（毛澤東愛抽菸吃辣、不善飲，周以酒量見長）。周氏一個人「打通關」，但令外籍記者嘖嘖稱奇的並不是周的海量，而是他以英語和俄國領導人寒暄祝酒，不用俄語。蘇聯副總理米高揚看不過去了，質問周恩來說：「周，你為何不說俄語，你的俄語是很行的。」周笑著回答：「米高揚，你應該學講中國話了，你看我，很早以前就學過俄語。」米不悅地說道：「中文太難學了。」周仍笑嘻嘻地答道：「絕不比俄文難。你明天早上到我們的大使館來，我們教你中文。」此時，克里姆林宮大老卡岡諾維奇忍不住插嘴，說了幾句俄國粗話，周假裝沒聽到，仍用英語說：「你們不要找藉口了。」

索斯伯里對新聞工作的狂熱和敢於向當道挑戰的勇氣，使他成為華府政客最頭痛的記者；而他的勤快和採訪本領，又使他成為許多新聞同業的眼中釘。最有名的一次是一九六六年十二月至一九六七年一月，越戰打得昏天黑地時，索氏終獲北越同意，前往河內一帶採訪兩個禮拜，親自目擊美國轟炸河內造成無數平民傷亡的事實。他的第一手報導每天登在《紐約時報》頭版，詹森總統和五角大廈對他恨之入骨，一些支持越戰的鷹派人士更是痛恨他。美國新聞界人士認為索氏的報導必能使他再獲普立茲最佳國際報導獎；但在最後遴選時，普立茲獎理事會卻因政治壓力而拒絕評審小組的推薦，以致索氏未能再度得獎。

《紐約時報》總社大廳牆壁上掛著一塊銅匾，上面刻了老發行人阿道夫・歐克斯在一八九六年買下《時報》時所揭櫫的辦報宗旨：「無視於任何黨派、團體和利益集團的包圍，以大公無私的態度處理新聞，無所畏懼亦無所偏袒。」索斯伯里的新聞生涯，就是「無所畏懼亦無所偏袒」（Without Fear or Favor）的寫照。

索茲伯格深度專訪蔣介石、周恩來

自二次大戰開始，《紐約時報》即培養了不少世界級的記者和評論家，在西方新聞史上留下許多典範。這些「無冕王」亦充分利用《紐時》的聲譽和地位，發揮他們個人的影響力，其中於一九九三年九月二十日以八十歲高齡去世的索茲伯格（C. L. Sulzberger），就是一個在冷戰時代「炙手可熱勢絕倫」的外交記者兼專欄作家。

包括蔣介石、周恩來在內的世界領袖待他如上賓；赫魯雪夫曾託他帶信給甘迺迪；除了毛澤東，他訪問過東西兩大集團的所有領導人。透過他的分析，世人方了解狄托是何許人也；戴高樂和他稱兄道弟；中共早在一九五六年即邀請他訪問北京，但遭國務卿杜勒斯親自阻撓而未能成行。由於他的報導和專欄具有無比的力量，美國中央情報局特別「禮遇」他，故有人懷疑他與中情局有密切的關係。

索茲伯格於一九三四年以最優異的成績自哈佛大學畢業。一離開校門就想進新聞界工作，而且也有絕佳的機會，因為《紐約時報》老闆兼發行人是他的叔叔，只要他開口，就可堂而皇之的進入《紐時》。但頗有骨氣的索茲伯格寧可先在別的報館磨練（cut his teeth）。從《匹茲堡日報》、合眾社、《倫敦標準晚報》和其他歐美報紙期刊累積了五年經驗後，始於一九三九年二次大戰爆發前夕，進入《紐約時報》跑外交新聞。三年內，索茲伯格的足跡遍佈三十個國家，行程達十萬里。

自一九四四年至一九五四年，索茲伯格擔任《紐時》的首席外交記者；一九五一年獲普立茲獎；一九五四年開始撰寫外交專欄，每週三篇，直至一九七八年退休為止。索茲伯格著述甚勤，著作等身，其中包括四大冊回憶錄。

五〇年代冷戰方酣，索茲伯格曾於一九五五年和一九五七年兩度訪台，與蔣介石、蔣經國、葉公超、俞大維、王叔銘等軍政領袖長談。每次赴台，蔣介石均設宴款待他。

一九五五年三月十五日，索茲伯格自馬尼拉飛抵台北，其時正值〈中美共同防禦條約〉簽訂未久，杜勒斯在三月初曾親臨台北中山堂與葉公超外長舉行換文儀式。索茲伯格在老朋友、美國駐華大使藍欽的陪同下，拜訪國防會議副秘書長蔣經國。索茲伯格說，小蔣住在一座不顯眼的日本式房子（長安東路），但有一部漂亮的凱迪拉克轎車代步；小蔣長得有點像他父親，但「遠不及老頭子好看」（far less distinguished looking）、「一副沒有表情的臉孔配上一張賭氣的嘴巴」。索茲伯格又說，小蔣目前雖掛名國防會議副秘書長，但實際上主管軍隊的政治工作、士氣以及秘密警察與安全事務。

索茲伯格說，當時台灣已盛傳老蔣將傳位給兒子，不過藍欽大使卻認為小蔣不可能接班。

索氏說，過去五年老蔣一直告訴國軍，他要帶他們打回大陸。現在這些軍人已慢慢了解到不可能反攻大陸，八百萬台灣人對大陸毫無興趣，國軍漸漸老化，台灣兵將取代老兵而成為國軍主幹。索氏指出，作為一個單獨的實體，台灣本身並沒有多大的意義；然而從整個亞洲的戰略態勢來看，台灣卻有其不尋常的價值，支持台灣即等於是維持亞洲地區的部分權力平衡。

索茲伯格表示，反攻大陸的夢想成空之後，「國民政府」這塊招牌事實上亦跟著失效。島內的民心士氣倚靠「反攻大陸」的口號來支撐，但這個口號已無銷路，連許多外省人都寧可留在台灣而不願回大陸讓共產黨統治。

一九五五年三月十九日，索茲伯格自台北飛至高雄，在西子灣行邸訪問蔣介石。沈劍虹擔任翻譯，宋美齡坐在一旁，有時會插上幾句話，對沈劍虹的英譯做一些補充，使蔣的觀點更為清楚，不過她自始至終並沒有「干預」沈的傳譯。索氏說，蔣介石的西子灣行邸不算小，外型普通，客廳佈置有點俗氣，桌椅和沙發很難看，尤其是沙發的假皮套更是醜陋。索氏說，老蔣比他所想像的還要矮小，不到五呎六吋，長相不錯，看起來頗健康。宋美齡穿了一件黑色旗袍，已令人有「美人遲暮」之感，她的英語柔和中聽，帶有美國南方口音，但一眼即可看出蔣夫人是個「不好惹的冷酷女人」（a hard, ruthless woman）。

索茲伯格與蔣介石長談三個小時，分三節進行。索氏說，在訪問中老蔣總是撇著下顎和嘴唇，這或許是常年戴假牙之故；蔣一輩子都被假牙所苦。索氏問老蔣目前侷處海島是不是他的「人生谷底」？蔣答不是，他一生中的最低潮是在一九二六年，北伐之前。索氏又問：美國是否曾正式做出防衛金門、馬祖的保證？蔣對索氏說，你不應使用「正式」這個字眼；但又拐彎抹角地說，他是在了解美國願意協防金馬的前提下，始同意撤退大陳島。索氏說，他不相信美國曾保證協防金馬，因此蔣在回答時顯得極為小心；不過，在談到金門、馬祖時，老蔣精神特別好。蔣在訪問中透露，他最討厭、最卑視的國家是英國。

索茲伯格問老蔣為什麼預言第三次世界大戰會在一九五六年爆發？蔣說，蘇聯在五十年前完成西伯利亞大鐵路後即發動日俄戰爭。按照共產黨的計畫，聯繫中國和蘇聯、橫貫蒙古與新疆的新鐵路完工後，蘇聯就會蠢動；如因經濟和農業情況惡化，而中共與蘇聯未在一九五六年挑起戰事，則會有崩潰之虞。蔣又說，國軍反攻大陸的時機並不一定要等到全球發生衝突，只要大陸同胞抗暴、揭竿而起時，國軍即可揮師跨海；只有中共被消滅，第三次世界大戰就能避免。索氏說，他聽了這段話，覺得老蔣是在「虛張聲勢」（Whistling in the dark，藉吹口哨以壯膽）。

索茲伯格問老蔣如何排遣在西子灣的閒暇時間。蔣說每天與蔣夫人散步，閱讀黑格爾與王陽明；為了更深一層了解黑格爾，他正在學德文。索氏說，他對老蔣的印象還不壞，比他所預期的要平易近人；不過蔣的許多觀點和見解並不高明，他不夠聰穎，亦非才氣縱橫，但可算是一個智者（more wise than bright）。

蔣介石以簡單的中餐款待索茲伯格，甜點是蘋果派，老蔣自己吃得津津有味。

過了兩年，索茲伯格又到台灣。一九五七年十月十六日，新聞局長沈劍虹和外交部長葉公超分別請他吃中飯和晚餐。尤其是葉公超在辦公室招待他的豐盛中國菜，索氏說「差一點把他撐死」，其中包括燕窩、魚翅、烤乳豬、烤鰻等名菜，以紹興酒佐餐。

葉公超告訴索氏，一九五四年十二月〈中美共同防禦條約〉簽訂後八天，他和杜勒斯交換了一批密函，這批密函表明老蔣同意如未獲得美國的允許，國府不會反攻大陸。美國則保證在大量裁減駐琉球美軍之前，必與蔣磋商，俾使蔣對華府的對日政策還有一點影響力。

索茲伯格問國防部長俞大維和參謀總長王叔銘：台灣有多少位將官？俞、王支支吾吾地說，現役將領有五百八十七人，退除役將領則有三百五十二人。

一九五七年十月十六日傍晚，索茲伯格前往士林官邸訪問蔣介石。不久前，索氏在《紐約時報》的外交專欄中曾主張美國承認中共，老蔣大怒。因此赴士林之前，已有國府官員警告索氏，不過老蔣對索氏頗客氣。沈劍虹仍當翻譯。

索茲伯格開門見山地問老蔣：中共去年（一九五六）發動「百花齊放、百家爭鳴」運動時，是否曾透過管道轉告台灣，要和蔣舉行和談並組織聯合政府？老蔣說，確有這一回事，但表示中共並未直接跟他接觸，而是採取勸誘一批國府高級官員的手法。索氏又問老蔣：國府既然一再聲稱進行有限度的戰爭乃是反攻大陸的唯一方法，現在為何放棄了這種念頭？老蔣說：「你知道答案的，那是因為美國的關係。」索氏再問：國府為什麼做出不反攻大陸的承諾而自縛手腳？老蔣說，在談判〈中美共同防禦條約〉的過程中，從未觸及限制國府反攻大陸的問題；但在條約簽訂後，美方要求他在密函中做出不反攻大陸的承諾，以便國會順利通過該條約。索氏繼續問道：如果國府自金門派出一個營登陸大陸，事先是否將知會美國？蔣說，條約並未寫得那麼清楚明確，但他會告訴美國人民；如果金門對岸突發抗暴行動，國軍將立刻出兵以爭取時效，然後再盡快知會美國。

蔣介石反問索茲伯格：美國人民是否會支持國府發動有限度的戰爭？索氏答不會。一九四五年以後世界已進入原子時代，大家都不願冒著人類文明被核彈摧毀的危險，而且美國人民不相信戰爭是「有限度的」。老蔣同意索氏的答覆代表了美國人民的心態。索氏說，他讀過蔣的回憶錄《蘇俄在中國》，書中倡議戰爭乃是消滅共產主義的唯一方式，蔣在訪問中仍堅持此看法；並稱除了戰爭之外，別無他法，「和平共存」是行不通的。

十月十七日上午，索茲伯格在沈劍虹、劉廣凱等人的陪同下到金門訪問。老蔣告訴他金門駐有六個師的軍力。當天晚上，老蔣請他在士林官邸吃飯，中菜西吃。索氏說，菜餚極差，是他在台灣所吃到的最壞的中國菜；老蔣似乎對食物無多大興趣，話題亦不多。用餐之際，蔣對索氏說，台灣兵很不錯；四〇年代末期國共內戰時，國府曾徵調五千名台灣兵赴大陸作戰，打得不錯，沒有一個人投降。

索茲伯格向老蔣告辭時，宋美齡突然握緊索氏的手，兩眼睜得大大地，莫名其妙地說道：「勿怠忽職責，要專心一志。」還連問兩次：「聽到嗎？」索氏一頭霧水，連聲說是，納悶地離開了士林官邸。

在中共的心目中，五〇年代的美國有兩大名記者，一個是將毛澤東介紹給西方的埃德加・史諾（Edgar Snow），另一個就是索茲伯格。一九五六年，中共發了一張簽證給索氏，邀他訪問中國大陸，索氏喜不自勝；從紐約啟程途經舊金山時，被他的叔叔、《時報》發行人亞瑟・海斯・索茲伯格攔住，叫他中止北京之行。因國務卿杜勒斯親自打電話給亞瑟，反對索氏去大陸；杜勒斯更進一步表示，任何一位美國新聞工作者如欲訪問北京，必須經他批准。

索茲伯格萬萬沒想到他的訪問被迫取消，竟激怒了中共當局。七〇年代初中國大陸開始對西方記者放行，再加上季辛吉、尼克森開啟「竹幕」，大批的美國記者訪問大陸，唯獨索茲伯格遭中共「禁足」，不准訪華。索氏奔走數年，央請季辛吉、美國參院多數黨領袖曼斯菲德（Mike Mansfield）、法國文化部長馬勞（Andre Malraux）、法國駐華大使馬納奇、巴基斯坦總理布托（Zulfikar Ali Bhutto）和美國駐北京聯絡處主任布魯斯（David Bruce）等有力人士說項，終在一九七三年下半年獲准訪問中國大陸。

索茲伯格於一九七三年九月二十七日從九龍搭火車到北京，實現其十七年來的夢想。在大陸待了一個月，足跡遍及延安、西安、上海、杭州、內蒙古、大同等地。索氏到了北京後，向接待單位表示盼能訪問毛澤東和周恩來，「負責同志」告訴他說訪毛不太可能，訪周則甚有希望。索氏等了又等，一直未接到訪周的消息，心裡頗為焦急，亦覺沒有面子，因其《紐時》同事傑姆士・雷斯頓、西摩・陶平（Seymour Topping）、哈利森・索斯伯里，以及他的嬸嬸伊斐珍・索茲伯格都已先後訪問過周恩來。十月二十六日，索氏離開北京前一天，突然接獲通知，周恩來當晚將在人民大會堂會見他。

周恩來與索茲伯格談了兩個多小時，在場作陪的有新華社社長朱穆之等人。索氏說，最遺憾的是當晚擔任翻譯的女士，極不稱職，英文造詣根本無法勝任傳譯工作，連日期都翻錯，常被周恩來糾正。索氏說，他忘了周的右手不太好，竟用力握他的手。周始終帶著笑容，個子不高，面有倦容，滿臉老人斑；並非所傳的那樣瀟灑，手指關節浮腫，指甲修長，毛裝剪裁極好。

索茲伯格說，周引導他到一間裝潢不甚高明的大房間接受訪問。周對索氏的專欄頗為熟悉，甚至引述他批評蔣介石的話。索氏告訴周恩來當年杜勒斯曾阻擋他訪華，周說他知道此事，並並稱許索氏鍥而不捨，具有「拓荒精神」。周恩來與索氏的談話皆圍繞中美蘇問題與歷史關係，周說稱美蘇二國依據雅爾達密約瓜分了中國的勢力範圍，美國獲益最大，控制了蔣介石政權，蘇聯則獲得東北、西北和內蒙。蔣與史達林於一九四五年八月簽訂中蘇友好同盟條約，並接受了雅爾達密約，自以為既有美國撐腰，又與蘇聯簽約，乃放手大打內戰。

周恩來表示，當初中共估計內戰至少要打五年或十年，沒想到四年就打完。周又說，當年邱吉爾為了英國繼續占有香港，曾向史達林讓步，犧牲一些東歐國家。

周恩來說，他很同意索氏稱蔣介石是一位過時的人，是「東方的拿破崙」，與法國名將同享被放逐的命運。周又說，蔣花很多時間研究拿破崙歷史。曾以國民黨「清黨」為背景、以周恩來為主角寫過小說的法國文化部長安德烈・馬勞曾對索茲伯格說過：「周恩來無時無刻不在撒謊，但他撒謊撒得頗有味道。」索氏說他在聆聽周恩來談話時，不由得會想到馬勞這句話。

索茲伯格一九七三年赴北京之前，曾在德黑蘭訪問伊朗國王巴勒維。當時巴勒維向他誇下海口說，伊朗在十年內將是除日本之外，唯一能擁有歐洲式生活水準的亞洲國家；並稱中國雖將努力改善經濟，朝這個目標發展，但不會成功。日後，巴勒維被放逐的悲慘下場和中伊兩國現狀的強烈對比，已為世所共見。

抗戰時代在重慶採訪過的美國名記者白修德說，索茲伯格以《紐約時報》「全球調查員」身分，縱橫國際外交政壇，為各國政要所競相結交，其成功主要是靠勤快的採訪、敏銳的新聞眼和豐富的知識。

把訃聞變成傳記的惠特曼

杜魯門總統的女婿克立夫頓・丹尼爾（Cliftion Daniel），在六〇年代中期擔任《紐約時報》總編輯時，有一天對訃聞版主編兼撰稿人奧登・惠特曼（Alden Whitman）說：「我們既然常採訪一些時人，為何不順便請他們談談自己，為他們將來的訃聞做素材？」丹尼爾並立即提議惠特曼去訪問他的岳父。

惠特曼於是展開了世界報業史上的一項創舉，那就是訪問一些各行各業的名人，有的長談數小時，有的訪問多次，並參考其他的資料，「提早」寫好他們的「死訊」和傳記式的訃聞，一俟這些名人撒手西歸，《時報》馬上推出圖文並茂的濃縮式傳記，而成為該報的特色之一。惠特曼的足跡遍及全美、歐洲和亞洲（包括台灣），他旅行的目的，就是要為名人的訃聞作準備。

當時，《時報》的訃聞版歸屬於大都會版管轄和策畫，而大都會版主編羅森索（A. M. Rosenthal，後升總編輯）對訃聞的寫法也有一套獨特的見解。他認為名人的訃聞不應只記流水帳或只是枯燥的平舖直敘，應該是一篇足可徵信又可傳世的小型傳記，俾為歷史留紀錄。因此，在羅森索和丹尼爾的領導下，《紐約時報》從六〇年代開始，為「訃聞新聞」開創了一條新路：在首頁刊出名人辭世的消息，在內頁登詳細傳記。這種做法，不久即為各大報所模仿。時至今日，中文報紙仍未在新聞版面上對名人訃聞作傳記式的處理。

使訃聞寫法變成一種藝術、使訃聞與傳記相結合的開山祖師，就是惠特曼。這位曾在《紐約時報》撰寫過四百篇訃聞傳記的老報人，於一九九〇年九月四日因腦溢血去世於摩納哥蒙地卡羅，享年七十六歲。一九七五年四月五日蔣介石去世時，《紐約時報》推出了兩個全版的傳記，執筆人就是惠特曼；一九七六年一月八日周恩來逝世，《時報》的長篇訃聞傳記（佔三個全版），也是由惠特曼所執筆。毛澤東的四個全版傳記，由包德甫（Fox Butterfield）親寫。

惠特曼到處找名人訪問，為他們「預留訃聞」，雖然他絕不向對方透露訪問的目的是為了訃聞（他只說《時報》需要一些受注意的傳記材料），但被訪問的人都知道「惠特曼來訪問的目的是什麼」。這些人多半有良好的風度和胸襟，也願意同他合作。最著名的例子是，他在一九六六年到密蘇里州獨立城訪問杜魯門時，杜氏在訪問當中「恍然大悟」地說：「呵，我現在終於知道你訪問我的用意了！不過，沒關係，你盡量問，我盡量幫助你。」此外，前英國首相艾登一面喝茶、一面接受訪問，他平靜地問惠特曼：「今天談的都是在我死了以後才登吧？」名作家格林（Graham Greene）在家門口迎接惠特曼來訪，大聲地說：「歡迎你這個年輕記者來寫我的訃聞。」

儘管這些受訪者在內心深處起著「疙瘩」，但他們還是表現了君子之風，因為他們畢竟關心他們的「身後之名」。他們知道「死後留名」的意義，而《紐約時報》的版面就是他們「留名」

的最佳地方。

在惠特曼十多年的奔波採訪中，他只吃過一次「癟」，也就是說，只有一個受訪者當場讓他難堪，下不了台，完全不跟他合作，並且指桑罵槐的教訓他。這場極不愉快的經驗，發生在台北，使惠特曼窘迫不堪的人就是蔣夫人宋美齡。

惠特曼自稱對這一場「不舒服的訪問」，終生「難忘」。他在一九八〇年出版的《蓋棺論定》（*Come to Judgement*）一書的序言中，對宋美齡的表現，敘述甚詳。惠特曼說，他奉《時報》之命千里迢迢趕到台北訪問宋美齡，在台北等了一段時間後，終在陽明山獲得宋美齡的接見，兩名新聞局官員陪同惠特曼一道上山。惠氏說：「我被帶進一間佈置豪華的房間，房間裡充滿了鮮花，柚木桌都鑲嵌著真珠母，桌子兩旁擺了兩張漂亮的沙發，桌子的另一端是個稍稍隆起的地方，也放了一張椅子。等了好幾分鐘後，一名武裝侍衛陪蔣夫人進來，侍衛隨即退出。蔣夫人伸手與在座的人握手，然後坐在桌子另一端稍高的地方。茶端上來後，我稱讚客廳的大方美觀，也順便感謝她的好意。一會兒，這位七十一歲但仍然美麗的蔣夫人，從她那裁剪得毫無瑕疵的旗袍的口袋中，掏出了好幾張紙，用明亮的眼睛盯著我說：『最初我不能決定是否要接見你，後來還是同意了，以示友好。』」

惠特曼回憶說：「然後，蔣夫人開始宣讀她事先準備好的聲明稿子，一直唸了約十五分鐘，內容是指控共產黨多年前即在美國進行陰謀活動，並滲透到紐約的教師工會，左右工會成員貝拉．陶德，因此使她和她的丈夫蔣介石失去了中國大陸。蔣夫人的結論是，美國人民一定會對共產黨的陰謀以及他們的自滿感到悔憾。蔣夫人在唸聲明的時候，真是一場難得一見的表演。隨後，蔣夫人讓我看了一下聲明，上面有她用鉛筆寫的眉批。我們聊了一、兩分鐘後，那位武官又進來了，蔣夫人也藉機告退了。我轉身去拿放在沙發上的錄音機（蔣夫人的武官事先叫我不要使用），發現連錄音機的麥克風也被拔掉了。」

雖然宋美齡使他一無所獲，但他在多年後向筆者回憶他的台灣之行時，仍頗懷念台北，特別是那兒的中國菜。

惠特曼於一九一三年十月二十七日出生在加拿大，兩歲時隨父來美，六歲歸化入籍，童年一直在康乃狄克州度過。一九三四年從哈佛大學畢業後，就進入報界，從此吃了近半世紀的「新聞飯」。在康州和紐約州的一些小報待了一段時間後，惠特曼在《紐約前鋒論壇報》做了八年記者和編輯（一九四三至一九五一年），然後再跳槽到《紐約時報》，一待就是二十五年（一九五一至一九七六年）。

在《時報》的頭十三年，惠特曼做過大都會和全國新聞版編輯，也做過改稿編輯。五〇年代麥卡錫參議員掀起「清共」運動，全美風聲鶴唳，人心惶惶，溫文儒雅的惠特曼也捲入了這場大風波。他在一九五六年出席參院國內安全小組委員會聽證時，公開承認在一九三五年至一九四八年期間，曾是共產黨黨員，但他拒絕透露其他黨員的身份。由於他的拒絕招供，參院控告他蔑視國會的罪名，聯邦法院於一九五七年判他無罪，但最高法院改變了聯邦法院的判決。隨後惠特曼又遭第二次起訴，法院判他緩刑十天，不過不必向假釋官報到。

一九六四年年底，惠特曼開始專任《時報》訃聞版編輯兼主要撰稿人，從此他即全心全力投注在訃聞傳記的寫作上。在兩年的時間裡，他寫了四百篇傳記，有長有短，他只訪問到其中百分之十的傳主。他寫過的傳記中，最出名的人物包括：史懷哲醫生、物理學家歐本海默、紐約紅衣主教史培爾曼、盲人教育家海倫・凱勒、老甘迺迪（甘迺迪總統之父）、胡志明、哲學家羅素、畢卡索、卓別林、戴高樂、飛行家林白、哲學家沙特、杜魯門、艾登、蔣介石、周恩來、首席大法官華倫等。

惠特曼在一九七一年將歷年所寫的訃聞傳記結集出版，書名為《訃聞之書》（*The Obituary Book*），一九八五年出版續集《蓋棺論定》。此外，他先後出版過《美國的早期勞工黨》（*Early American Labor Parties*）、《史蒂文生的畫像》（*Portrait: Adlai E. Stevenson*）和《美國的改革者》（*American Reformers*）等書。同時，他又是哥倫比亞大學口述歷史計畫和美國傳記大辭典的顧問。

惠特曼認為，老式的訃聞寫法太過單調乏味，如同一張簡歷表，而毫無「生命」可言。他說，好的訃聞應該生動地表達傳主的個性、風格、作為和成就，就像一張效果極好的「快照」（Snapshot）一樣，如果「快照」清晰，則讀者就可以很快地看清楚相片的全貌、特色、缺點以及他所存在的環境與時代。但是，訃聞傳記並不是學術論文，也不是歌功頌德的文章，更不是鉅細靡遺的全傳，它只是一種「傳記性的素描」，能夠在有限的空間與時間裡，使傳主栩栩如生，使讀者一目了然。

惠特曼說，一流的訃聞傳記，說來容易寫來難，在寫作過程中，需要時間、耐心和不停地找資料，更重要的是，還需要一支好筆。惠特曼本人的文筆則是《時報》中的佼佼者，例如他寫美國「原子彈之父」歐本海默的一生，既能抓住重點，又能以美好的文字刻劃出歐本海默的成熟與煎熬。

《紐約時報》和惠特曼所選擇的「名人」，主要是以他們對人類與社會的貢獻及影響為主，政治人物則居次。在這種標準下，影藝界的華特・狄士尼和卓別林則名列前茅，舞王佛雷・亞斯坦（Fred Astaire）亦屬一流人物，因為他們都具有人間罕有的「原創能力」。這種推動文化與社會進步的「原創能力」，在海倫・凱勒、民權領袖馬丁・路德。金恩牧師等人身上，發揮得淋漓盡致。

《紐約時報》在一九八八年底出版了一部厚達七百二十三頁的《二十世紀的偉大生命》，書中蒐集了過去登在《時報》上的五十篇訃聞傳記，其中惠特曼寫的就有十六篇，由他執筆但加入新材料的（未署名）近十篇。書中選錄了毛澤東與周恩來的傳記，而未選錄蔣介石傳記，殆為美中不足之處。從歷史的觀點來看，選周不如選蔣。

惠特曼於一九七六年年初自《時報》退休，四年後獲得喬治・波克特殊貢獻獎，以獎勵他在新聞界的成就。這位為二十世紀不朽人物作傳的老報人，如今也走入了歷史的殿堂。

使《紐約時報》蒙羞的特派員

《紐約時報》報史上，有數不清的光榮紀錄，但也有不算少的難堪時刻。如誣陷台灣旅美科學家李文和（一九九九至二〇〇〇年），害李氏坐黑牢，連法官都向李文和道歉，為美國政府（與《紐時》聯手陷害李氏）的作法深感「丟臉」。《紐時》亦在頭版發表聲明鄭重向無辜的李氏致歉（誣稱李氏自新墨西哥州洛斯阿拉摩斯國家實驗室偷竊情報給中共）。此外，黑人記者傑森・布萊爾（Jayson Blair）二〇〇三年多次偽造故事，虛構新聞，把總編輯和首席副總編輯騙得團團轉，使該報顏面盡失，並導致總編輯和首席副總編輯（亦為黑人）雙雙下台。該報調查小組發表長文向社會大眾解釋騙案始末，且開始聘請社外資深媒體人和新聞學者擔任「公眾編輯」，隔週就《紐時》的優缺點發表專欄，並提出建議。

然而，在《紐時》報史上，最使該報報格掃地、報譽蒙羞的記者，就屬一九二二年至一九三六年擔任《紐時》駐莫斯科特派員的華特・杜蘭迪（Walter Duranty）。

杜蘭迪以西方報紙特派員之尊，居然「一邊倒」，甘心作史達林的馬前卒，歪曲事實、掩飾真相，其顛倒黑白的通訊和報導，竟獲得一九三二年的普立茲獎，荒謬可笑，殆為西方新聞史上所僅見。而《紐時》任由杜蘭迪「為非作歹」，做了十四年的特派員，其「媚蘇」言論使《時報》獲得了紐約「上城工人日報」的可悲綽號。蒙羞者又豈止是《時報》，整個美國新聞界都變成了布爾什維克革命的陪葬品。

杜蘭迪的「妖言惑眾」和《紐時》的「走火入魔」，是有其時代背景的。

一九一七年俄國布爾什維克革命成功後，西方新聞界對這場大革命的看法，頗為分歧，那時候，《紐約時報》的言論偏右，經常撻伐蘇聯共黨革命。到了一九二〇年，專欄作家李普曼和莫茲兩個人，聯合寫了一篇文章譴責《時報》對蘇聯現狀的不實報導。文章指出，在過去兩年內，《時報》曾報導蘇聯共黨政權「已經崩潰或即將崩潰」達九十一次之多，讀者如何能相信這樣毫無可信度的報紙呢？

紐約時報臉紅耳赤之餘，終於找到了採訪過第一次世界大戰的杜蘭迪，要他兼程趕往蘇京，擔任該報特派員。

杜蘭迪是英國人，一八八四年出生於利物浦。自劍橋大學畢業後，杜蘭迪就經常穿梭於巴黎和紐約，為報紙撰寫通訊或教授拉丁文。杜蘭迪擅長寫作，文筆生動一如其人；歐戰爆發後，杜氏開始為《紐約時報》拍發戰況報導，文字洗練而又富戲劇性，頗獲報社和讀者好評。一九二一年，蘇聯首次准許西方記者常年駐蘇，杜蘭迪向《紐約時報》編輯部遊說派他前往莫斯科，他保證一定不辱使命。於是，杜蘭迪成為《時報》的首任蘇京特派員。

杜蘭迪是一個浪漫的人，活動能力強，採訪本領亦高，一九二二年抵達莫斯科後，杜氏立即被這個從沙皇時代蛻變為共黨政權的國度所吸引。他細心觀察蘇聯國情與社會，他結交克里姆林宮要人，他準確地預測了史達林將繼承列寧。杜蘭迪堅信：共產黨統治蘇聯的事實，將永遠無法改變：「鋼鐵之人」史達林將不計任何代價，期使蘇聯轉變為一個現代化強國；蘇聯共產黨統治方式的許多「過度手段」，乃是「斯拉夫靈魂」的昇華，不足為怪。

西方經濟在二〇年代的日趨蕭條，導致一九二九年的大恐慌，以及史達林刻意偽造第一個五年計畫的數字，使得杜蘭迪更加信服共產主義終將戰勝資本主義。此外，杜蘭迪在莫斯科過著極其舒適且近乎奢靡的生活，不缺美酒、魚子醬和昂貴的海產，有時候也抽抽鴉片。杜蘭迪在四十歲（一九二四年）時，因火車事故，半隻腿被輾斷，從此即染上吸食阿芙蓉的癖好。在日常起居方面，杜蘭迪有司機、秘書、女傭、研究助理和女廚師的侍候。杜蘭迪後來與女廚師生了一個小孩。

杜蘭迪是一個典型的「報喜不報憂」的記者，他只採訪他所想採訪的，他只報導他所想報導的。在他的筆下，蘇聯是未來的人間樂園，一個充滿希望與動力的社會；他完全相信蘇聯官方的宣傳，他照單全收，不去查證，更不願因批評蘇聯當局而冒被驅逐出境的危險。

紐約是一個知識分子匯集的大都會，同情布爾什維克革命的左翼人士不少，向蘇聯「尋求真理」的社會活動家亦有。但也有不少洞悉蘇聯統治真相的知識分子，他們從各種不同管道了解到史達林的恐怖統治，他們很清楚史達林鎮壓異己的毒辣手段，他們紛紛寫信給《紐約時報》，詰問杜蘭迪的偏頗報導；他們非常不滿《紐約時報》為蘇聯紅色政權張目的言論。

《時報》的負責人和部分編輯亦懷疑杜蘭迪的報導，可能有所偏差，他們很客氣地拍電報給杜氏，問個究竟。杜蘭迪也很客氣地回電，他保證報導絕對公平公正，他的電訊都是就事論事。他舉例說，史達林的統治方式確有許多地方操之過急，因此，他創造了一個名詞叫「史達林主義」（Stalinism）。杜蘭迪說，讀者誤解他的報導，係因他們不了解蘇聯，總之，杜氏已成為「史達林的辯護者」（Stalin's Apologist），而《紐約時報》則變成克里姆林宮的「傳聲筒」（mouthpiece）。

杜蘭迪旅蘇生涯的最大敗筆，也是其特派員時代的最大恥辱，發生在三〇年代初期。史達林實施強制性的集體農場，結果在一九三〇年至一九三一年間，造成烏克蘭地區數百萬（一說一千萬）的生靈塗炭。當大饑荒的消息零零星星傳抵莫斯科時，杜蘭迪嗤之以鼻，他說那是反蘇人士的「胡說八道」（bunk）。但是，英國《曼徹斯特衛報》、《紐約前鋒論壇報》和《芝加哥每日新聞》都報導烏克蘭慘絕人寰的大饑荒，其他各報亦紛紛跟進，唯有《紐約時報》一家獨漏。

杜蘭迪遲至一九三三年秋天始到烏克蘭災區採訪，他返回莫斯科後，私下告訴英國大使館說，烏克蘭已民不聊生，並發生人吃人的慘狀，餓死人數可能已達一千萬人。然而，杜蘭迪在發回《紐約時報》電訊中，對大饑荒仍作輕描淡寫的報導，就如同他對蘇聯秘密警察剷除異己、清算鬥爭的報導一樣，只是「小罵大幫忙」。他為史達林的高壓統治辯護，並說了一句遺臭千古的話：「你要做煎蛋捲（omelette），你就得先把蛋打破。」

有眼無珠的普立茲獎評審委員會，居然在一九三二年把最佳國際報導獎頒給杜蘭迪，獎勵杜氏對史達林所作的一次專訪，評審委員會對杜氏的評語是：「在新聞報導和訪問中，展示了厚實的學養，而又具深度、公正、準確的判斷力，且行文清晰。」這或許是普立茲獎有史以來最大的污點。

難怪史達林在一九三三年的聖誕節大加讚美杜蘭迪，他當面對杜氏說：「你對蘇聯的報導非常出色，雖然你不是馬克思主義者，但你一直為蘇聯說真話……我要說的是，當別人認為我們的馬沒有勝利機會的時候，你卻打賭我們的馬一定會贏，我確信，你絕不會輸。」

杜蘭迪從一九二二年開始就為史達林這匹「馬」下賭注，他把他個人的人格和《紐約時報》的報格，一起賭光了。直到一九三六年，《時報》才把杜蘭迪的特派員名義取消，而要他只上半天班；到了一九四〇年，杜氏始完全脫離《時報》。

杜蘭迪的蘇聯通訊，使《紐約時報》在一九二〇、三〇年代蒙受大害，貽誤讀者，使歷史之神為之泣下。對《時報》而言，這是一樁痛苦的教訓；畢竟，要百分之百地達到《紐時》所標榜的報格：「無所畏懼亦無所偏袒」的境界，還是需要經過千錘百鍊的。

《紐時》首位女總編黯然下台

二〇一四年五月十四日上午，《紐約時報》董事會主席兼發行人亞瑟．索茲伯格二世（Arthur Ochs Sulzberger Jr.）突然向編輯部高層人員發出緊急通知，要他們在下午二時到編輯部開會，接到開會通知的人都不知道將討論什麼事。開會的時候，大家都注意到女總編輯吉爾．艾布拉姆森（Jill Abramson）不在場。會議在二時三十分結束，六十二歲的索茲伯格發出一份聲明稿指出，由於編輯部的管理出現問題，他已決定撤換艾布拉姆森的總編輯職務，並提升首席副總編輯迪安．巴奎特（Dean Baquet）為總編輯，此項人事命令立即生效。這是繼二〇一三年八月葛蘭姆（Grahams）家族決定把《華盛頓郵報》擁有權賣給亞馬遜（Amazon）網路商店創辦人貝佐斯（Jeff P. Bezos）之後，又一樁震撼美國新聞界的大事。

艾布拉姆森突被炒魷魚的消息傳開後，立即引發全美媒體挖掘（或揣測）她被撤職的真正原因。艾布拉姆森是《紐時》一百六十三年報史上的第一個女性總編輯，接其位子的巴奎特則是《紐時》報史上的第一個黑人總編輯，但巴奎特曾做過《洛杉磯時報》總編輯。艾布拉姆森是在二〇一一年九月上台當總編輯（英文頭銜是executive editor），二〇一四年才六十歲，按《紐時》規定，六十五歲必須退休，也就是說，如無重大公私意外，艾布拉姆森至少還可再做五年的總編輯。

索茲伯格是猶太裔，艾布拉姆森亦為猶太裔。《紐時》創立於一八五一年，索氏家族從一八九六年開始即擁有《紐時》，索茲伯格二世於一九九二年出任發行人，一九九七年當董事會主席。波士頓塔夫茲（Tufts）大學畢業的索茲伯格二世主持《紐時》二十二年，表現遠不如他的祖父和父親，人事處理不當，投資失誤慘賠，又逢網路君臨天下、文字媒體慘遭重擊的時刻，《紐時》和所有大小報紙一樣，在逆勢中操作，備極艱辛。但《紐時》的內容仍維持高水平，傲視其他各報。

索茲伯格二世於一九九三年以十一億美元購入《波士頓環球報》，震驚華爾街和美國媒體，大家都認為索氏出價出得「太超過」了，因有眼光的媒體行家都已料到平面媒體的前途不樂觀，索氏卻以比行情高出很多的特高價買下《波士頓環球報》，結果在二十年後，索氏以七千萬美元把該報賣給波士頓紅襪棒球隊老闆約翰・亨利，虧損極大，被媒體和華爾街訕笑不已。

索氏與妻子離異（二〇一四年八月再婚），有一子一女，兒子亞瑟三世現在《紐時》負責規劃電子報，曾發表一份長達九十六頁的文件，隱約指責艾布拉姆森對發展網路不夠熱心。亞瑟三世將是未來的接班人。

索茲伯格二世對總編輯的拔擢，在過去即出過問題。二〇〇三年六月，《紐時》爆發大醜聞，二十七歲的黑人記者傑森・布萊爾被人揭發虛構了數十篇新聞報導，使《紐時》蒙羞。索氏不得不要求才上任兩年的總編輯豪威爾・雷恩斯和黑人首席副總編輯吉拉德・波伊德同時下台謝罪，而請當過總編輯的老將賴利維（曾任《紐時》駐香港特派員）回朝暫代半年總編輯職務。索氏於二〇〇一年曾考慮兩個人出任總編輯，一是雷恩斯，當時擔任總主筆；另一個人是比爾・凱勒爾，其時是首席副總編輯。索氏挑選了和他有私交的雷恩斯，而捨棄凱勒爾，凱勒爾即轉任專欄作家。雷恩斯下台後半年，索氏請凱勒爾出任總編輯，直到二〇一一年九月把棒子交給艾布拉姆森。

索茲伯格二世曾向《紐約客》（*New Yorker*）專事報導媒體動態的主筆奧雷塔透露，他拔擢艾布拉姆森當總編輯時，心裡有點猶豫，因他知道艾布拉姆森有稜有角、個性強、做人不太客氣、不易相處，但他還是基於提拔女性的立場，而沒有選擇當時在《紐時》華府分社當主任的巴奎特。艾布拉姆森從首席副總編輯（英文頭銜是managing editor）升為總編輯後，巴奎特即出任首席副總編輯。

艾布拉姆森畢業於哈佛大學，曾任《華爾街日報》調查記者多年，一九九四年和同事珍・麥爾（Jane Mayer，現為《紐約客》主筆）合撰老布希總統所提名的黑人大法官克拉倫斯・托馬斯（Clarence Thomas）在參議院任命聽證會上被嚴厲質問的過程，書名是《奇怪的大法官：推銷克拉倫斯・托馬斯》（*Strange Justice: The Selling of Clarence Thomas*），頗受好評。艾布拉姆森於一九九七年加入《紐時》華府分社，三年後升為分社主任。二〇〇七年五月，艾布拉姆森在《紐約時報》總社附近的時報廣場被一輛卡車壓成重傷，她在《紐時》發表的最後一篇文章即在五月四日回憶她七年前車禍的往事。她和丈夫皆為哈佛同學，有兩個孩子，女兒科妮李婭．柯理格斯現為波士頓外科醫生，她在母親被解僱後，連續在網路上發表支持其母的短訊，其中一張照片是她母親手戴拳擊手套準備進攻的鏡頭，二〇一四年五月十六日出版的《紐約郵報》即以此圖當首頁照片。

艾布拉姆森撤職事件爆發後，《紐時》英籍首席執行長湯普森（Mark Thompson）連日召開高幹會議解釋艾布拉姆森被炒原因，發行人索茲伯格更在五月十六日發表五百字聲明，強調與薪水報酬（總編輯年薪近六十萬美元）和性別無關，而是因艾布拉姆森「專斷自為的決策、拒與同事磋商、溝通不良、公然侮辱同事」。據《紐時》本身的報導稱，索氏兩年半以來，一直觀察艾布拉姆森的表現，覺得越來越不滿意，越來越不能容忍，過去一年大批一流人才離開《紐時》，投靠別報，索氏在二〇一四年五月初決定撤換她。《紐時》報導又說，索氏打算和艾布拉姆森好聚好散，讓她再做一段時間後有面子地下台，但態度強硬的艾布拉姆森當面要求索氏炒她魷魚，不必留什麼面子，她馬上就滾。

艾布拉姆森不僅和索氏相處不睦，兩個人之間幾無任何感情因子（chemistry）的存在，最糟糕的是，她和第二把手巴奎特的關係亦不好。艾布拉姆森有次休假回來，指責巴奎特代班時沒把報紙編好，氣得巴奎特猛敲牆壁以洩恨。艾布拉姆森與索氏從英國ＢＢＣ挖來的首席執行長湯普森亦時生齟齬，她頗不滿營業部門的權力侵略到編輯部。艾布拉姆森與同事的關係則呈正反兩面的評價，欣賞她的人（特別是女同事）把她當偶像；不喜歡她的人則稱她分化（polarize）編輯部、反覆無常（mercurial）、咄咄逼人（pushy）和霸道（bossy）等等。

促成艾布拉姆森被趕走的導火線則是她打算聘請英國《衛報》（*The Guardian*）資深女主編珍妮・吉布生到《紐時》出任和巴奎特並列的首席副總編輯職位，索氏和湯普森皆知道此事，艾布拉姆森卻偏偏不讓巴奎特知道。當巴奎特獲悉此事時，極為氣憤，當面向索氏抗議，並表示不想在《紐時》待下去了。而剛好正在大事擴張的彭博新聞社（Bloomberg News）準備以重金挖巴奎特，索氏心裡決定該讓艾布拉姆森滾蛋了，他在五月八日正式告知巴奎特，艾布拉姆森將下台，他將升任總編。五月十四日下午，人事大地震終於公開。

儘管艾布拉姆森有不少為人上的缺點和「令人討厭的地方」，但考察《紐時》過去的報史，比艾布拉姆森還令人厭惡的總編輯卻所在多有，最有名亦最難相處的是在七、八〇年代擔任總編輯的羅森索〈其子安德魯擔任《紐時》總主筆多年，二〇一六年春交棒〉。猶太裔的羅森索以跋扈、獨裁著稱，常對編輯和記者吼叫，有「暴君」之稱。與羅森索相比，艾布拉姆森的脾氣和作風可說微不足道。此外，《紐時》一向以歧視女性和少數族裔出名，七〇年代一批《紐時》女性員工即曾控告報社歧視女性，同工不同酬，更遑論升遷。前《紐時》女記者楠・羅勃森（Nan Robertson）曾寫過一本揭露該報和美國媒體歧視女性的著作《二樓看台上的女孩子們：女人、男人和紐約時報》（*The Girls in the Balcony: Women, Men, and the New York Times*），頗為轟動。《紐時》多年後終與女員工達成庭外和解，保證今後公平對待女性。

主持編務兩年半、為《紐時》爭取到八項普立茲獎的艾布拉姆森是個能幹的第一流女性新聞工作者，她在五月十九日接受北卡州威克・佛列斯特大學榮譽博士學位時表示，她熱愛紐約，絕對不會把她背上象徵《紐時》的刺青「T」字去掉。許多美國媒體人都在搖頭，都在納悶：為什麼全美第一大報（也許是全球第一大報）的《紐時》會爆發如此殘酷的「炒魷魚」新聞？為什麼報老闆和女總編輯會演出如此難堪的鏡頭？全美新聞界都在深思這個問題。

出版家魯斯夫婦特寫

美國通俗傳記作家勞夫・馬丁（Ralph G. Martin）於一九九一年九月出版了《亨利與柯萊兒：魯斯詳傳》（*Henry and Claire*），敘述《生活》、《時代》與《財星》雜誌創辦人亨利・魯斯和他的妻子柯萊兒・布絲・魯斯的關係，特別是他們的「私生活」。

亨利・魯斯（Henry Luce）出生於中國山東省登州，他的父親路思義是個傳教士。魯斯所創辦的雜誌，對中國的報導又多又詳盡，他欣賞蔣介石夫婦，對蔣、宋的介紹既多且偏；因此，蔣、宋非常感激魯斯。亨利與元配麗拉・何茲在一九三五年離異，續娶美麗又有才華的柯萊兒，兩個人共同生活了三十二年。魯斯夫婦在一般人的心目中，似乎是「天造地設」的一對，有錢有勢，又有「文化」；在公眾場合中，總是成為大家競相取悅的目標。

在表面上看來，魯斯夫婦顯然是一對「模範夫妻」，其實不然。

魯斯夫婦有共同的愛好，如出版事業、寫作、政治、權力和社交。在個性上，兩個人都是以自我為中心的強人，不輕易服人。據馬丁在《亨利與柯萊兒》中說，他們彼此之間都缺乏「感覺」，亨利一開始即熱愛柯萊兒，但這種愛情卻逐漸退化消失，而柯萊兒則自始至終對亨利沒有感情，視婚姻為登龍捷徑。也就是說，魯斯夫婦有兩面形象，一面是給人家看的，一面是人家看不到的。於是，在貌合神離的虛偽婚姻下，魯斯夫婦乃「各玩各的」。柯萊兒常說，她的私生活充滿了悲哀與不快樂。

魯斯夫人的漂亮、外向和口才是出名的，交男朋友也是出名的。在她一連串的婚外情中，有一個男人跟她維持很久的關係，此人即為有美國「元老政治家」之稱的伯納德・巴魯克（Bernard Baruch）。柯萊兒結過兩次婚，第一次嫁給比她大二十三歲的成衣界大富豪布洛克，生有一女（在史丹福大學就讀時，死於車禍）。但布洛克酗酒成性，又有虐妻狂，因此婚姻只維持了六年，柯萊兒便訴請離婚獲准；並得到了四十二萬五千元贍養費，那是一九二九年的事，柯萊兒當時只不過二十六歲。

柯萊兒與亨利・魯斯結婚前，即已認識巴魯克，婚後仍繼續來往。巴魯克（一九六五年去世）是個財經專家，生於紐約市，畢業於紐約市立學院，因其足智多謀，自威爾遜總統時代即出任美國歷屆總統顧問，但從未擔任主管行政的工作。「冷戰」（Cold War）一詞即為布魯克所發明。紐約市立大學系統中的巴魯克學院，即以其為校名。柯萊兒與亨利結婚後，有一次巴魯克偷偷向柯萊兒獻策，教她向亨利要求給她時代公司的一半股權。亨利聽到後大怒，當場拒絕，並在私下考慮和柯萊兒離婚，而與當時的情人結婚。亨利冷靜下來後，打消離婚的念頭，但也拒絕讓出時代的一半股權。

亨利（好友皆叫他 Harry）的最後一個情人是他英國朋友的孫女。亨利也曾動過與這位

「孫女輩」女友結婚的念頭。亨利的英國朋友就是倫敦的報業鉅子畢佛布魯克爵士（Lord Beavebrook）。

亨利和元配麗拉・何茲育有二子，與柯萊兒則無所出。柯萊兒在結婚前即明告亨利：「我不想生小孩了，但我幫你創造一個『生活』。」柯萊兒所說的，即是《生活》雜誌。這份以新聞、圖片與特寫為主的畫報，係柯萊兒的創見，在她的鼓吹下，亨利於一九三六年推出了創刊號，一週一期。二次大戰期間，乃為《生活》的黃金時代。

柯萊兒在紐約市出生，父親是一落魄音樂家，八歲時，父母分居。母親雖窮，仍帶她到法國住了一年，並送她到長島花園市聖瑪麗學校念書，其母後改嫁康州一位醫生。柯萊兒從未進過大學，但酷愛閱讀，興趣廣泛，也喜歡寫作；她認識了《浮華世界》和《時尚》雜誌的發行人，要求他讓她到雜誌社工作，發行人勉為其難地叫她為《時尚》雜誌寫些圖片說明。大家沒有想到的是，柯萊兒竟是一個極有才氣的女孩，因此《浮華世界》主編聘請她到雜誌社工作，而且在很短的時間裡升到副主編、主編。柯萊兒對戲劇頗著迷，在一九三五年出了第一個劇本《容忍我》，上演結果慘不忍睹。她自己到劇院看了一遍，即不敢再看，《容忍我》只好草草下場。但她後來又連寫了四個劇本，還算成功，尤其是劇本《女人》，上演時頗為轟動。

柯萊兒第一次見到亨利是在一個晚宴上，兩個人坐在一起，高傲的亨利不屑理她，自尊心頗強的柯萊兒矢志「報復」。第二次見面是在華爾道夫飯店的晚宴上，柯萊兒故意問亨利一些粗魯無禮的問題，亨利反覺高興，創辦《生活》畫報的構想，就是這樣談出來的。在酒會中，亨利的妻子麗拉也去了，亨利幫太太端了一杯酒，但「侵略性」極強又懷著鬼胎的柯萊兒，中途把亨利攔截下來，問道：「這杯酒是給我的嗎？」亨利只好乖乖奉上。不久，兩人即宣佈結婚。

亨利把拋棄髮妻、另結新歡的決定告訴父母親後，兩位老人家極為震怒（老魯斯本身是傳教士，生活嚴謹），兩老從此以後即很少跟亨利來往，這是亨利終生的憾事。亨利在一九六七年去世時，遺命葬在雙親之墓旁，似乎是在洗刷「前愆」。亨利的兩個兒子則歸母親撫養，但亨利一直與前妻維持很好的關係。一九六四年麗拉到台北旅遊觀光，亨利還特地打電報給新聞局長沈劍虹，請他代為安排一下，沈即囑咐妻子魏惟儀照料麗拉。

亨利雖擁有《生活》、《時代》、《財星》三大雜誌，但他從不允許柯萊兒做其中任何一個雜誌的封面人物，《時代》在三、四〇年代亦極少報導柯萊兒的活動。一九五四年，《時代》準備以柯萊兒為封面人物時，遭到亨利的否決。然而二次大戰改變了柯萊兒的生活，也拓寬了她的視野；她到歐、亞戰場採訪，蒐集第一手資料，文章發表在《生活》畫報上，使她聲名大噪。她也兩度到中國戰區訪問，在重慶、昆明一帶寫報導，中國政府對她特別禮遇。

柯萊兒是共和黨員，常批評羅斯福總統，一九四三年決定出馬角逐國會眾議員，選區在康州費菲得郡，她旗開得勝，擊敗現任民主黨議員，連選連任，做了兩屆眾議員。柯萊兒口才好，但辭鋒太過犀利，齒利嘴尖，常得罪人，許多政界中人都吃不消她的「利嘴」。五〇年代初期，柯萊兒大力支持艾森豪競選總統，艾氏當選後，要柯萊兒出任勞工部長，柯萊兒婉拒，艾克乃派她任駐義大利大使。出使期間，表現甚佳，但有一次傳出因砷中毒而病重，乃返美就醫。此事在當時是一則轟動國際的大新聞。

據調查結果，柯萊兒砷中毒的原因是大使館房子年久失修，乃大事粉刷；柯萊兒臥室天花板漆上了她所喜歡的粉紅色，但油漆常成粉狀掉落，落在柯萊兒的咖啡杯裡，因此中毒。然而，當時有人懷疑所謂砷中毒可能是假的，柯萊兒的目的是不想當大使，想回美國說服艾克把尼克森甩掉，提名她為副總統候選人。不過，柯萊兒並未成功。一九八八年十月九日柯萊兒以八十四歲高齡去世時，尼克森說，柯萊兒如果晚生好幾年，則她很可能被選為美國總統。

但據《亨利與柯萊兒》一書，所謂砷中毒，根本是柯萊兒自己對外杜撰的。她確實感到「不適」，但不是砷中毒，而是她要返美動牙齒矯正手術，她不願外界知道真相，乃撒下漫天大謊。

一九五九年，艾克提名她為駐巴西大使，奧勒岡州的民主黨「怪物」參議員摩斯在外交聽證會上大力反對，任命案雖獲通過，柯萊兒一氣之下，不去了。一九六四年，她想代表保守黨在紐約角逐參議員，但經共和黨「保守先生」高華德勸說，柯萊兒乃打退堂鼓。那一年總統大選時，柯萊兒與亨利在政治上分道揚鑣，亨利支持詹森，柯萊兒則擁護高萊德。

柯萊兒在三〇年代曾沉迷於共產主義思想，後來則變成反共領袖。但中共與蘇聯在六〇年代初鬧分裂時，她極力主張美國與北京修好。亨利一輩子堅決反共，支持蔣介石，但他有一個從未實現的願望，就是親自訪問周恩來。柯萊兒於抗戰時期在重慶採訪時，經由《時代》與《生活》駐渝（重慶）記者白修德的介紹，曾和周恩來長談。

柯萊兒晚年先後住過亞利桑那州鳳凰城和夏威夷檀香山，最後耐不住寂寞，又搬回華盛頓水門公寓。雷根總統曾聘她擔任「海外情報諮商委員會」委員，為一無給職。

柯萊兒多次被選為全美最受仰慕、衣著最佳、最有影響力的女性。但在年輕的時候，她是一位出名的「冰霜美人」，美麗、聰明而冷酷，有人形容她像一棟外表華麗的大廈，但缺少「中央暖氣系統」。在愛女於一九四三年車禍殞命後，柯萊兒精神大受打擊，改信天主教，人也變得較和氣。中年以後，人家對她的評語仍然是美麗、聰明，但把「冷酷」改為「熱情」。

魯斯夫婦在美國輿論界帶領風騷達數十年，權傾一時。在他們所塑造的「完美形象」和新聞王國後面，誰能想到有那麼多令人訝異的「漏網故事」！

《時代》發行人魯斯與白修德的中國恩怨

中國人喜歡說軍隊中有「軍閥」、學術界有「學閥」、財經界有「財閥」、新聞界有「報閥」。事實上，美國亦不例外，在韓戰時違抗杜魯門總統命令的名將麥克阿瑟，就是一名現代軍閥；在美國的中國近代史研究中獨樹門戶的費正清，曾被稱為哈佛的學閥；卡內基、洛克菲勒和福特，皆曾經是大財閥，而創辦《時代》、《生活》與《財星》三大雜誌的亨利．魯斯則是道地的美國報閥。

出生於中國山東省的魯斯，乃是二十世紀美國最傑出的「雜誌大王」，他所創辦的三大刊物，為美國和全球的文化及媒體景觀帶來了源頭活水。我們不能不說，如果魯斯不在一九二〇年代創刊《時代》和《財星》（*Fortune*）、三〇年代發行《生活》，則人類將有「萬古如長夜」之歎，而所謂「地球村」（Globe Village）亦可能不復出現。

然而，就像許多「閥」字輩的人物一樣，魯斯有他的獨特風格、有他的霸氣、有他的傲慢與偏見，更有他的時代侷限性。尤其是他出生於傳教士家庭，崇信基督，善惡分明，但主觀極強，成見亦深；因此，他的人生觀和世界觀很自然地投射到他所創辦的雜誌上。有人批評他所辦的三大雜誌，猶如三間大皮鞋店，所出售的鞋子尺碼、款式和顏色，卻完全一樣，都是「清一色」！什麼是魯斯的「清一色」，那就是保守、反共、基督教義、美國第一，以及熱愛中國，特別是蔣介石政府所統治的中國。

除了《時代》和《生活》所出版的本身歷史之外，過去幾年，美國學者和作家亦陸續推出了有關魯斯生平的專著，如曾獲普立茲傳記獎的《魯斯和他的帝國》（*Luce and His Empire*），一九七二年出版，作者為傳記名家史萬伯（W. A. Swanberg）；大衛．哈伯斯坦（David Halberstam）的《掌權者》（*The Powers That Be*，一九七九）；白修德（Theodore H. White）的自傳《追尋歷史》（*In Search of History*，一九七八）；麥金農和傅利森（S. R. MacKinnon and O. Friesen）合編的《中國報導》（*China Reporting*，一九八七）；尼爾斯（Patricia Neils）的《中國形象》（*China Images*，一九九〇）；馬丁（Ralph Martin）的《亨利與柯萊兒》（*Henry and Clare*，一九九一），以及賀斯汀（Robert E. Herzstein）的《亨利．魯斯》（*Henry R. Luce*，一九九四）。這些著作都對魯斯的為人和行事有著深刻的描寫，但普遍的缺點是「非捧即罵」，唯有哈伯斯坦和白修德較為客觀持平。

曾在《財星》和《生活》擔任過編輯的湯瑪斯．葛里夫斯（Thomas Griffith），一九九五年出版了一部敘述魯斯和其第一號愛將白修德交惡的經過，這兩位主僱失和的原因，竟然是因中國而起。與魯斯和白修德熟稔的人，都知道暱稱魯斯為哈利（Harry）、稱白修德為泰迪

（Teddy），因此，這本新書書名即為《哈利與泰迪：報閥亨利．魯斯與其愛將記者白修德的動盪友誼》（*Harry and Teddy: The Turbulent Friendship of Press Lord Henry R. Luce and His Favorite Reporter, Theodore H. White*, Random House）。

白修德出生於波士頓一個窮猶太家庭，自幼聰明好學、活潑好鬥，在哈佛大學主修歷史，特別是中國近代史，其業師即費正清。白修德以最優成績畢業，在抗戰時期隻身跑到中國，走投無路之際，受僱國民黨中央宣傳部，為國府撰寫和修改英文文宣，他的頂頭上司就是董顯光。對才華洋溢的白修德來說，撰發宣傳稿件，頗有大才小用之歎，剛好《時代》駐華特派員約翰．赫西（John Hersey）需要一個幫手，乃聘白修德為臨時撰稿員。紐約《時代》總社的編輯和魯斯讀了白修德的稿子，即知是人才之作，即邀白當正式記者。

白修德的正義感頗強，性格外向，為人熱情，他對中國軍民的浴血抗戰極為同情和支持，在初期的報導中對國府要人亦頗友善。但時間一久，他慢慢看到了另一面的中國——腐化、無能、落後、封建、愚昧和貪瀆成風的中國。他也親眼目睹了國府黨政軍領導人的顢頇腐朽、貪生怕死和好逸惡勞。白修德乃開始報導戰時中國的黑暗面，一篇又一篇地報導，魯斯不高興了，在魯斯「淫威」下的編輯部亦隨著老闆而不高興了，不是「改稿」，而是把全篇報導的旨意與內容全部改頭換面；也就是說，白修德報導「白」的，他們就改成「黑」的，非但使原稿面目全非，且完全改變白修德的原意。白修德痛苦極了，亦憤怒極了。

新聞鼻子頗為敏銳的白修德，在一九四三年突破了國府的新聞封鎖，採訪到河南省大飢荒的新聞，死難災民高達數十萬人（一說數百萬），白修德冒險前往河南採訪，並將所目睹的「千里無人煙，白骨蔽中原」的慘況，寫成報導。魯斯接獲白修德的報導後，心裡掙扎良久，為他所熱愛的蔣介石政府隱瞞事實呢？還是原稿照登？魯斯畢竟是新聞第一的人，他決定刊出白修德的報導。新聞發表後，舉世震撼，國府卻震怒，還在美國訪問的宋美齡，立刻要求魯斯炒白修德魷魚。魯斯雖未聽從中國第一夫人的「指示」，但白的日子越來越不好過，稿子照樣被改，甚至不發，而魯斯與白的關係亦急轉直下，從沸點降到冰點。一九四五年九月二日，白修德在東京灣「密蘇里號」戰艦採訪日本投降後未久，即與魯斯正式決裂。

一九四六年，白修德與賈柯貝女士（Annalee Jacoby）合著《來自中國的雷聲》（又譯《中國的雷霆》，*Thunder Out of China*），魯斯譴責該書是導致中國大陸變色的「禍因」之一。魯斯完全無法容忍他所提拔、栽培的白修德，竟在思想上和他背道而馳，更不能忍受這本描述國府日薄西山的書，竟能一下子賣了四十五萬本！

《哈利與泰迪》這本書，就是作者以近距離的角度述說報閥與記者之間的愛恨過程，作者其時任職《時代》周刊編輯部，最為清楚這一段涉及到美國新聞史和中國近代史的「動盪友誼」。

山不轉水轉，魯斯與白修德後來言歸於好了，兩個熱愛中國的人，終於在時代的洪流中忘卻恩仇。其實，當年魯斯與白修德鬧翻，是可以理解的。魯斯心目中的中國是炊煙裊裊的「田園式」的中國，他所愛的是「孔孟時代」的中國；而白修德所看到的卻是「現實的」中國，是即將瓦解的古老中國。

二〇一〇年，哥倫比亞大學美國近代史講座教授艾倫．布林克利（Alan Brinkley），推出了「文化界期待已久的《出版人：亨利．魯斯及其美國世紀》（*The Publisher: Henry Luce and His American Century*）。這部厚達五三一頁的著作，可說是截至目前為止最完整、最充實、最公正、最具可讀性的魯斯傳，書中將蔣介石和魯斯的情誼，描述極多。作者布林克利充分利用《時代》周刊所藏魯斯和蔣介石的過往檔案，講述這兩位巨人的關係。布林克利的父親大衛，生前為ABC和NBC電視新聞名主播。

呼風喚雨的右翼專欄作家艾索普

中國大陸全面變色後不久，美國著名的保守派專欄作家約瑟夫・艾索普（Joseph W. Alsop, Jr.）即在共和黨人辦的《星期六晚郵報》周刊上，發表了一篇連登三期的長文：〈我們為什麼失去中國？〉（Why We Lost China?）從此揭開了美國國內「為什麼失去中國」、「誰失去中國」的大辯論與大爭議，數十年來，未嘗稍歇。

「失去中國」一詞的發明人艾索普，已於一九八九年八月二十八日病逝華府喬治城區自宅，享年七十八歲。死因是肺癌，艾氏生前每天至少要吸九十五根菸。

從三〇年代到七〇年代，艾索普一直是美國新聞界的一方霸主、保守輿論界的大護法，但他和近代中國亦有一段極不尋常的特殊因緣。透過宋子文的介紹，艾索普認識了「飛虎將軍」陳納德，並成為陳納德最得力的「公關」助手。飛虎隊及後來的第十四航空隊，能夠在四〇年代名滿天下的原因，主要就是靠艾索普向美國政界大力宣揚、向美國報界全力「打知名度」的結果。

尤值一述的是，在陳納德和美軍指揮官兼中國戰區參謀長史迪威發生激烈內訌，史迪威又和蔣介石鬧翻，其後史迪威被羅斯福總統召返美國等重大事件上，艾索普均扮演了一個關鍵性的角色。四〇年代末期和五〇年代初期，艾索普猛力追究「失去中國」的責任問題，可說是他深厚的「中國緣」的自然投射和反共怒火。

哈佛大學出身的艾索普，是一位傳奇性的人物，也是一個遊走於政界和報界之間的「智多星」。他的發跡和成名，與美國東部的權勢豪門有著密切的關係。

艾索普於一九一〇年十月十日出生於康乃狄克州，父母親都喜歡搞政治，都是康州州議會的共和黨議員；他的父親曾數度競選康州州長，但皆遭挫敗。艾索普一家和老羅斯福（西奧多）、小羅斯福（法蘭克林）等巨室，都有親戚關係，而且來往頗密。就憑這種「裙帶」關係，使艾索普日後在處理陳納德和史迪威的爭執上，大占便宜；亦使他在專欄寫作中，常有權威性的獨家報導。

出身好、環境佳，加上本身又好學，因此艾索普的教育背景完全和小羅斯福總統一樣，都是就讀新英格蘭最好的學校：麻州格勞頓中學和哈佛大學。

一九三二年自哈佛畢業以後，艾索普的祖母向《紐約前鋒論壇報》老闆懷特洛・雷德（Whitelaw Reid）打個招呼，讓她的小孫兒進報館當記者，跑市政新聞。艾索普是一個博覽群籍的人，寫新聞喜歡「掉書袋」，有時引用莎士比亞，有時賣弄希臘戲劇；此外，講話又模仿英國人，帶有濃重的、做作的「牛津腔」。而且態度又不好，既不會開車，也不會打字，只會吼編輯部小弟，因此編輯部同事對他頗不友善。時間一久，艾索普的態度稍稍改了，常請同事吃飯喝酒。但最重要的是，這位哈佛出身的「小蛋頭」，畢竟有兩手，能採會寫，大家都不再低估他。艾索普家裡有錢，做人也大方，有好幾次，編輯部工友清理他的凌亂桌子時，常發現一堆支票（薪水和稿費）都沒有兌現。那時候，他的週薪是十八元美金。

有兩件事情，使艾索普在《紐約前鋒論壇報》聲名大噪。第一件事：市政版主編叫艾索普寫一篇有關紐約市長官邸的拆除問題，艾索普的報導發表之後，市長官邸決定保留；第二件事：艾索普代表《論壇報》採訪「世紀大罪案」飛行家林白之子被撕票案的審判過程，結果大獲好評，報社決定將他派往華府。那是一九三五年的事情，艾索普的新聞生涯更上一層樓。

艾索普到了華府之後，他的父母親請親戚特別照顧這位二十來歲的年輕記者，而這位「親戚」就是法蘭克林・羅斯福總統。於是，艾索普在白宮住了一個月。

艾索普在華府如魚得水。理察・克魯格在《報紙：紐約前鋒論壇報的存亡》一書中說，艾索普是天生的「華盛頓人」，也是一個天生的「吃報飯的人」。認識他的人，對他都會產生兩種截然不同的看法，一種是厭惡他的專橫、傲慢、自大與奢侈；另一種是欣賞他的才華、博學、勤快、敏銳和慷慨。但不能否認的是，艾索普頗具潛力，華府正是他「打天下」的地方。

由於出身背景的緣故，艾索普頗愛交際、宴客和建立關係。他的條件極好：康州世家子弟、哈佛、羅斯福總統的親戚、花錢海派。在華府的頭幾個月，艾索普忙於套交情、拉關係，這些「工夫」對他後來的採訪和專欄，大有裨益。

一九三六年，艾索普採訪國會新聞，那時，羅斯福正欲「改造」最高法院，試圖提名自己人出任大法官，國會正為此事和白宮鬥法。艾索普和《紐約時報》記者透納．卡雷基合寫了一本《一百六十八天》（*The 168 Days*）的書，敘述國會與白宮之爭，此書一出，立即洛陽紙貴。後來做了《紐約時報》總編輯的卡雷基在回憶錄《我的生活和時報》（*My Life and Times*）中說：「約瑟夫．艾索普是一個極有程度的年輕人，文筆甚佳。書中引述莎士比亞和經典著作的，都是艾索普的傑作；一些比較通俗的詞句，則是我寫的。」其時，才二十五歲、個子又不高的艾索普，因頗為貪吃，體重已達二百六十磅。和卡雷基合作寫書時，艾索普正在約翰．霍普金斯大學附屬醫院減肥，四個月內減了八十多磅。

艾索普的名氣大了。「北美報紙聯盟」邀請他撰寫專欄，供一百多家報紙使用，年方弱冠的艾索普一口答應，開始做政治專欄作家。他曾一度要求卡雷基和他搭檔寫專欄，卡氏婉拒；艾索普後來找了羅伯特．金特納（Robert Kintner），他們兩人一直合作到第二次世界大戰爆發為止。

戰爭開始，艾索普服役海軍。從軍之前，艾索普和陳納德在華府初次見面。陳納德在回憶錄中說：「我抵達華盛頓之後，宋（子文）邀我和兩位著名記者晚餐，這兩名記者對遠東均極熟悉，一位是《芝加哥日報》的毛勒，一位是《紐約前鋒論壇報》的艾索普。我提到日本於一九四〇年秋天用零式飛機轟炸重慶。欲求消滅日空軍，就必須用美國最好的戰鬥機方可為之，他們聽了我這番話，都甚訝異。這兩位記者描述美國受英國的壓力不小，美國新飛機一出廠即運往英國……他們兩位認為中國沒有機會打入英國的取得飛機優先權之內，所以我的志願隊計畫，成功的希望很少。」陳納德又說：「不到九個月，艾索普穿上了海軍制服，並看見了第一個美國志願隊的第一架P-40在仰光候運途中。」

一九四〇年十月，蔣介石委員長下令陳納德和航委會的毛邦初將軍赴美，配合原先已在美國的宋子文，盡力爭取美援以及為志願隊（即飛虎隊）招兵買馬。

宋子文早已洞悉華府權力運作的情況，他也了解廣結權要的重要性。艾索普也是他極力交往的人物。對陳納德來說，認識艾索普，是一個重大的轉捩點。陳納德的軍旅生涯和飛虎隊的發展，艾索普是一個不可或缺的人物。

一九四一年夏天，艾索普以海軍中尉觀察員身分，前往東方，與陳納德重逢。也就是陳氏在回憶錄中所提到的艾索普在仰光看到了第一批運往中國的美國P-40戰機。艾索普與陳納德做了數度長談之後，決定退出海軍，加入飛虎隊以追隨陳納德。這種「英雄相見恨晚」的情誼，在瑪莎‧勃德（Martha Byrd）女士所著的傳記《陳納德：如虎添翼》（*Chennault: Giving Wings to the Tiger*，美國阿拉巴馬大學出版）中，有一段頗為中肯的描寫。勃德說：「在這段漫長的戲劇性友誼中，這位記者扮演了一個微妙的角色，他具有政治與社會的歷練，可以平衡陳納德的魯莽行事。同樣地，艾索普亦頗欣賞陳納德的能力：在戰術方面的天分以及從無到有的創造本領；他也知道，陳納德需要他。艾索普了解到，他如為陳納德工作，將對整個戰爭做出重大的貢獻。」

艾索普要加入飛虎隊做陳納德的幕僚，亦非易事。艾索普和羅斯福總統的頭號親信哈利‧霍普金斯（Harry Lloyd Hopkins）以及總統助理湯姆斯‧柯克蘭（霍、柯二氏皆為宋子文至友）商量，如何從海軍脫身，轉而投效飛虎隊。他們終於想出了一個十全十美的妙計：艾索普加入由宋子文在華府成立的「中國國防物質供應公司」（CDS），這個公司乃是依據租借法案所成立的公司，專門統籌運用美國政府的援助款項購買美國戰略物資，以運往中國。艾索普加入「中國國防物質供應公司」之後，再由該公司派往中國參加飛虎隊，並授予陸軍軍官階級。

但是，史迪威和陸軍航空隊司令阿諾德（Henry Harley Arnold）都反對艾索普到飛虎隊去幫陳納德的忙，因為他們知道艾索普有「後台」，可以「上達天聽」。同時，他們也對陳納德「巴結」艾索普以擴大政治勢力的企圖，極為不滿。因此，史迪威和阿諾德阻止艾索普獲得陸軍官階；然而，這兩位將領太錯估艾索普了。艾索普的母親親自出馬，到白宮拜訪他的總統親戚，順便提到她兒子打算投效飛虎隊的計畫。羅斯福一口答應，事情馬上解決了，艾索普從海軍中尉轉升陸軍上尉。他到中國去的命令，白宮以「最優先」個案處理。

艾索普啟程之前，收到羅斯福總統的一封信，信中表示：「我真希望能跟你一道去找陳納德。」飛虎將軍在一九四〇年十月返美並結識艾索普之後，曾前往白宮晉見羅斯福。當時，羅斯福即要求陳納德經常寫信給他，直接向他報告中國戰區的近況。羅斯福亦向艾索普做此要求。羅斯福頗喜歡繞過正常的通訊管道，直接與特定官員聯繫，即使這種「越級」聯繫違反了指揮系統。其實，一般軍政首長極不贊成部屬裡有此種「通天」的特權；然而，古今中外，幾乎任何一個元首都有鼓勵直接「上書」或「打報告」的癖好。

一九四一年十月，艾索普到了中國，正式出任陳納德的上尉參謀。艾索普一到重慶和昆明，即捲入陳納德和史迪威的鬥爭。陳、史二人個性、背景、觀點和思想，南轅北轍；史迪威極不尊重蔣委員長和大部分的中國軍官，主張中國戰區的所有軍隊，由他一人統率；堅持美國援華戰略物資應由他支配；力主軍援延安的中共，動用共軍抗日；反對擴大飛虎隊和空戰。陳納德則持完全相反的意見。陳、史之爭，當然也夾雜了私人的意氣用事和權力傾軋。一般而言，史迪威獲得陸軍參謀長馬歇爾、陸軍部長史汀生（Henry Lewis Stimson）和陸軍航空隊司令阿諾德的支持；陳納德則得到白宮助理霍普金斯、柯克蘭以及蔣委員長夫婦的奧援。

隨著戰局的推展，蔣委員長和史迪威的關係已瀕於完全決裂、無可挽救的地步；另一方面，史迪威和陳納德的關係則早已是水火不容。

艾索普經常寫報告給羅斯福和霍普金斯，述說史迪威的霸道、無能；陳納德上羅斯福的報告，多半亦由艾索普代筆。

艾索普因自恃有「白宮背景」，故在飛虎隊和美國駐重慶大使館中，頗為囂張。《紐約客》雜誌的資深作家康恩（E. J. Kahn, Jr.）在《中國通：美國外交官及其遭遇》（*The China Hands: America's Foreign Service and What Befell Them*）一書中說：「陳納德戰時和羅斯福的通信，文筆優雅，具說服力，這些佳作都得力於陳納德有一個才華出眾的文書官艾索普。艾索普只不過是一介上尉，但他可以直通他的遠親、美國最高統帥。艾索普上尉常自昆明飛到重慶，向大使館朋友發表高論。謝偉思回憶說，有一回，艾索普興高采烈地建議，跟他意見相反的美國將領，像史迪威等人，都應該五馬分屍。」

艾索普屢次呼籲羅斯福撤換史迪威，但始終未能獲准，主要原因是馬歇爾全力支持史氏。一九四四年六月，美國副總統亨利・華萊士（Henry A. Wallace）訪問中國，在昆明停留期間，艾索普向華萊士說明史迪威與蔣委員長的不和，已至白熱化階段，史迪威必須調離。美國駐華大使館政治參事范宣德（John Corter Vincent）同意艾索普的建議，並提議由陳納德取代史迪威，而成為蔣委員長可以信任的參謀長。令人驚訝的是，艾索普卻反對他的「老闆」陳納德出任中國戰區參謀長兼美軍指揮官，他建議由魏德邁（Albert Coady Wedemeyer）將軍接替史迪威。

華萊士聽從艾索普和范宣德的意見，發了一通電報給羅斯福，建議撤換史迪威，而由魏德邁或陳納德接任。艾索普後來到處宣揚，這通電報是由他起草的。一九四四年十月十九日，羅斯福終於下令撤換史迪威，而由魏德邁取代其遺缺。

戰爭結束後，艾索普重返華府新聞界。自一九四六年起，他和他耶魯大學出身的弟弟史都華，在《紐約前鋒論壇報》合開一個專欄，頗為叫座。這個專欄於一九五八年結束，史都華跳槽到《星期六晚郵報》，約瑟夫則繼續在論壇報寫專欄，後來又為《華盛頓郵報》撰稿。史都華於一九七四年因白血球過多症而去世，同年，約瑟夫亦不再撰寫專欄。

艾索普的專欄和李普曼的專欄，在《論壇報》的全盛時代，一直是最受政界中人注意的兩大專欄。他們的觀點和意見大相逕庭，一個是保守派大將，一個是自由派旗手。

艾索普常說，他的專欄是報導多於評論，新聞重於分析。他交遊廣闊，新聞渠道和線索極多；而其專欄特色是立場鮮明、論點突出、偏見不少，用字遣詞頗為尖銳。

「睹其文如見其人」。艾索普常喜用誇大、刻薄的文字攻擊自由主義者、反戰分子和跟他唱反調的人。而在酒會的閒談中和咖啡座的聊天裡，他也常「口不遮攔」地月旦人物。他常自稱是羅斯福新政時代的自由派，但終其一生，並未見其有絲毫自由派的色彩。

一九五〇年一月，艾索普在《星期六晚郵報》發表〈我們為什麼失去中國？〉一文，引起全美震撼。但是，當反共打手麥卡錫利用這篇文章指控謝偉思、范宣德、戴維斯等外交官有共黨嫌疑，受中共利用，有叛國傾向時，艾索普立刻挺身而出，為他們大聲辯護。艾索普說，謝偉思這一批人只是「愚蠢」而已，但絕不是叛國。在麥卡錫主義氾濫的時候，艾索普是極少數未「打落水狗」的右派專欄作家之一。但在六〇和七〇年代，艾索普則是一個不折不扣的大鷹派，堅決主張升高越戰。有人戲稱，詹森總統的越戰，「其實有百分之五十是艾索普發動的」！也有人說他的專欄是美國政策的翻版。

艾索普最看不起的人是卡特總統，最喜歡的人是甘迺迪總統。艾索普在接受記者訪問時，就曾公開痛斥卡特是美國歷史上最差的元首，卡特周圍的幕僚，則是一群「既不會讀、也不會寫的人」。

艾索普具有多方面的才華，他是一個頗有成就的考古學家和骨董收藏家。他喜好菸酒和美食，在其華府喬治城高級住宅的寓所裡，經常高朋滿座，有政客、新聞界人物、學者和影藝界人士。艾索普結婚甚晚，五十一歲時（一九六一年）才結婚，一九七八年離婚。艾氏晚婚的原因是，他是個同性戀者，與女作家蘇珊・瑪麗・傑・培頓結婚的「目的」，也是為了掩護他的「同志」身分。一九五七年艾氏訪問蘇聯，在莫斯科旅館與一名蘇聯青年發生性關係，蘇聯特務破門而入，拍照存真。蘇方要他當蘇聯間諜以作為保密條件，艾氏拒絕，此事後來不了了之。

在華府社交圈子中，艾索普始終是一個最不甘寂寞的人。他和甘迺迪總統交情頗深，一九六〇年民主黨全國代表大會在洛杉磯舉行時，艾索普和《華盛頓郵報》發行人菲力普・葛蘭姆，一起力勸甘迺迪提名詹森為副總統候選人；甘迺迪考慮到南方票源和保守勢力，乃不顧其弟羅伯特的大力反對而答應。甘迺迪當選後，一九六一年一月二十日晚上連趕好幾場就職舞會，當晚並未返回白宮，而是在艾索普的喬治城家裡過夜。主政白宮期間，甘迺迪仍然經常到艾索普家吃晚飯。

艾索普是一個老式的報人（old-school journalist）。像他這種在專欄中左右政治、在權貴中發掘新聞的人物，在今天洵屬罕見，而且也很難再看到了。艾索普也是一個講究「影響力」的人，在中美關係史上，在將近半世紀的報人生涯中，以及在喬治城的觥籌交錯中，艾索普都已將「影響力」發揮到淋漓盡致！

包可華專欄笑傲報壇

美國當代最有名的幽默家、諷刺家包可華（Art Buchwald），二〇〇七年一月十七日因腎衰竭病逝於華盛頓，終年八十一歲。這位筆底生風的作家的專欄，曾出現於五百多家美國報刊和一百多家美國以外的媒體。在將近六十年的文字生涯中，包可華以犀利的筆鋒不斷挖苦有權、有勢、有錢之輩，政客和名流對他又敬又懼。

包可華於一九二五年十月二十日出生於紐約市北郊的佛農山鎮（Mount Vernon），父親是奧地利猶太裔移民，母親來自匈牙利。他的母親生下包可華後即因精神錯亂而被送進精神病院，一住三十五年，直至去世，包可華從未見過母親。在包可華三、四歲時，開設布莊的父親在經濟大恐慌中生意失敗，無力養活四個子女，而將最小的包可華送至孤兒院住了一段時間。這兩件人生至痛的往事強烈衝擊包可華，而使他一輩子飽受憂鬱症（或稱躁鬱症）之苦，且曾數度萌生自殺念頭。

包可華了不起的地方在於他一面與如影隨形的憂鬱症搏鬥，一面孕育出光亮的「瀟灑走一回」的人生態度，以風趣的筆觸嘲笑混濁世界，以幽默的語言調侃權力中人。他自己一生也都保持「幽他人一默，亦幽自己一默」的開朗胸懷，在他的生命末期，最後一個被他修理的是他的醫生。包可華有嚴重的腎病，但他拒絕洗腎，二〇〇六年二月，醫生說他「只能再活幾個星期」，但他卻多活了將近一年。包可華說：「醫生自己也說不清楚，反正我的腎臟一直在運作，到處有人送我榮譽獎章，沒想到在死亡之路上竟然那麼多樂趣。」

二〇〇六年夏天，包可華為《紐約時報》電子報製作了一個「告別留影」，《紐約時報》在包可華死後於網路上播出，他微笑著說：「嗨，我是包可華，我要作古了。《紐約時報》是一份骯髒的報紙，它的油墨老是沾污我的手。」

包可華高中沒畢業就碰上二次大戰，他輟學當兵，從紐約一路搭便車到北卡羅萊納州投軍，被派到太平洋一個無名小島服役，每天擦拭槍砲，同時負責編寫軍中通訊。戰後包可華到南加州大學（USC）念書，並成為學生報總編輯，但校方發現他高中未畢業，對他說可以繼續讀下去，但不能得學位。三十三年後，南加州大學頒給他名譽博士學位，以彌補當年未頒給他學士學位的遺憾。包可華於一九九六年在母校新聞系設立獎學金，以獎勵「最不用功」的學生。

包可華離開南加大後，決心效法海明威等前輩作家到巴黎去浸潤濃厚文化氣息。他在《國際前鋒論壇報》接到了一份工作，每天撰寫娛樂與餐飲專欄「夜幕低垂後的巴黎」（Paris After Dark），一週二十五元。沒想到介紹吃喝玩樂的專欄大受歡迎，許多報紙競相轉載。包可華在巴黎結婚，沒有生育，收養了三個不同國籍（法國、愛爾蘭、西班牙）的小孩。包可華的妻子於一九九四年去世，去世前八年包可華都住在他的法裔兒子家裡。

包可華的幽默兼諷刺專欄在華盛頓大受歡迎，許多人早上翻開報紙先看體育版，再看包可華的專欄。這種情形就像很多《紐約時報》讀者每週三和週六（現僅登週日版）打開報紙，最先看的就是漂亮的專欄作家陶曼玲（Maureen Dowd）所寫的銳利而又俏皮的譏諷布希團隊的文章。包可華的專欄在一九七二年臻於全盛時代，國內外有六百多家報紙刊載他的文章，一週三次。六、七〇年代之交，《聯合報》專欄作家何凡（夏承楹，作家林海音的丈夫）把包可華的專欄引進台灣，而使台灣知識界知道了美國有位愛開大人物玩笑的幽默家包可華。

包可華身軀肥胖，一天到晚口含特大號雪茄，愛吃好喝，尤嗜義大利麵，他痛恨鍛練身體，說：「運動有害於我的健康。」包可華最喜歡上館子吃飯，在他的身旁常可看到華府名人，如羅伯特・甘迺迪的遺孀愛瑟（Ethel）和前《華盛頓郵報》總編輯布萊德里等。每逢夏天，包可華就到麻州外海一個小島度長假，在島上他有兩個同樣患有憂鬱症的「難友」：哥倫比亞廣播公司（CBS）電視雜誌節目《六十分鐘》老牌記者麥克・華萊士（Mike Wallace）和二〇〇六年十一月去世的名小說家、曾獲普立茲獎的威廉・史泰隆（William Styron，名著之一《蘇菲的抉擇》*Sophie's Choice*曾搬上銀幕）。年紀比包可華還大卻老當益壯的華萊士說，他們都有極嚴重的憂鬱症，也都有過幾次輕生念頭，大家都互相加油打氣，保持樂觀。華萊士說他們三個人是「憂鬱的哥兒們」（Blues Brothers）。如今，這三個「憂鬱的哥兒們」都已作古了！

包可華一生勤於寫作，出版過三十多本書，一九八二年獲得普立茲獎。在冷戰時代，他曾跑到東柏林參加「五一國際勞動節」閱兵典禮，和飛彈、坦克一起行進。他也曾周遊東歐國家，他說讓鐵幕國家人民看看他這個「肥胖的富豪資本家長得什麼樣子」。

包可華是個多才多藝的媒體人，他曾在一九七〇年寫了一齣百老匯諷刺劇，挖苦華府一名專欄作家，大受觀眾和劇評家歡迎，但著名的保守派專欄作家約瑟夫．艾索普（Joseph Alsop）則認為包可華在影射他，非常憤怒。艾索普的「對號入座」，包可華當然不承認。二戰時期，艾索普曾做過「飛虎將軍」陳納德的顧問，冷戰時代曾在莫斯科旅館中與一名男人發生同性戀行為，而遭蘇聯特務機構「克格勃」（KGB，國家安全委員會）特工拍照「留念」。

包可華常常說：「你越罵有權有勢有錢之輩，他們就會想辦法把你變成他們的一分子。」包可華的幽默兼諷刺專欄，可說是延續幽默作家馬克．吐溫（Mark Twain, 1835-1910）和評論家孟肯（H. L. Mencken, 1880-1956）的香火。這種傳統在今天的美國文字傳媒中幾已完全消失。

包可華曾在病院中對憂鬱病友華萊士說，他將留下「歡樂」於人間。在美國媒體充斥黨派對峙的火藥味中，包可華的幽默專欄將長留去思。

沒有道德底線的媒體大亨梅鐸

二〇一一年夏天，當傳媒大亨梅鐸（Rupert Murdoch）所擁有的英國《世界新聞報》（*The News of the World*）和其他報紙利用竊聽、恐嚇、勒索以及巴結權要與警察等不法手段，獲取新聞並打擊對手的大醜聞被曝光後，英國哲學家葛雷林（A. C. Grayling）在七月九日的《紐約時報》意見版（Op-Ed page）上撰文，痛斥梅鐸經營新聞的不正當手法，他說，梅鐸新聞集團的惡劣作風就像在大家要飲用的水井裡放毒！他希望藉由此次全面披露梅鐸新聞集團的黑心作業，能夠永遠終止這位傳媒大亨蹂躪媒體的行徑。

然而，牛津出身的葛雷林亦認為，期盼梅鐸新聞集團停止在水井下毒，不僅是過度樂觀，也是一廂情願的想法。二〇〇七年七月九日的美國版《時代》周刊以梅鐸為封面人物，大標題是「最後的大亨」（The Last Tycoon），《時代》把他和美國近代新聞史上的幾個「傳媒大亨」放在同一天秤上，如創辦《時代》、《生活》及《財富》的亨利．魯斯；赫斯特報業王國的開山祖師威廉．蘭道夫．赫斯特（William Randolph Hearst）和哥倫比亞廣播公司（CBS）創立者威廉．裴理（William Paley）。如今，魯斯、赫斯特和裴理皆已離開人世，環顧寰宇，唯有梅鐸一個人獨領風騷。因此，《時代》稱他為「二十一世紀的媒體巨擘」（21st Century media mogul）。梅鐸所掌控的新聞集團（News Corp.）及其他媒體事業橫跨歐美亞三大洲，目前價值已達七百億美元，經營範圍涵蓋報紙、雜誌、電視、電影、唱片、網路、書籍和娛樂等。

《時代》雖把澳洲裔的梅鐸（一九三一年出生，一九八五年歸化美籍）和魯斯、赫斯特、裴理相提並論，但幾乎所有的英美媒體觀察家及評論家都認為，論財力、能力、眼力和智力，梅鐸皆超過他的前輩。而梅鐸的野心、霸氣和手腕亦非魯斯、赫斯特、裴理所能望其項背。梅鐸和他的三個前輩最大的不同是，他是個沒有道德底線的傳媒大亨！在他的經營理念中，根本就沒有所謂「新聞道德」與「新聞責任」，他在二〇〇八年接受《君子》（*Esquire*，又稱《老爺》）雜誌訪問時強調，他經營媒體的目的就是要贏（I want to win）！在「贏」的大前提下，梅鐸無所不用其極，他的記者採訪新聞時會動用任何手段，無所不為而又為所欲為。梅鐸和他的高級幹部則以巴結權要與執法人員為能事，他在一九八一年買下極具影響力的《泰晤士報》後，從「鐵娘子」柴契爾夫人以降的英國首相皆受其擺佈，唯一的例外可能是保守派的約翰・梅傑（John Major），由於未獲梅鐸集團的支持，梅傑在一九九七年大選飲恨。

梅鐸以媒體王國力量污染新聞、左右政治人物的做法不僅施之於英國，亦有計畫地移植到美國。他從一九七六年收購《紐約郵報》開始，一步步的把觸鬚延伸至雜誌、無線與有線電視、電影和出版。梅鐸是個意識形態很強的保守派，亦是一個堅持自由市場、力主政府權力越小越好的

「自由至上主義者」（libertarian），梅鐸在美國開創新聞事業與政治影響力的最大轉捩點是在一九九六年投資福斯（Fox）有線電視。目前，福斯電視已成為全美最有影響力的右翼電視，收視率超過有線電視（CNN）和有線國家廣播公司（MSNBC）數十倍，福斯電視的年收入亦佔梅鐸新聞集團的絕大部分。

福斯電視的名嘴比爾．奧萊利（Bill O'Reilly）及尚．漢尼提（Sean Hannity）所主持的政論訪問節目是美國收視率最高的脫口秀，其他電視台的同型節目皆遠落其後。奧萊利和漢尼提每日在節目裡猛烈攻擊民主黨、自由派和總統歐巴馬，大力鼓吹政府少管事、縮小政府組織，反對移民、反對同性戀、反對全民健保的右翼論調，與極右茶黨相互呼應。奧萊利和漢尼提擁有無數粉絲，而奧萊利找人代筆的著作如二〇一二年出版的《刺殺甘迺迪》（*Killing Kennedy*）和二〇一一年推出的《刺殺林肯》（*Killing Lincoln*），面世時不僅高居《紐約時報》暢銷書排行榜第一名，《刺殺林肯》更持續五十多星期列名排行榜上。著有《出版人：亨利魯斯及其美國世紀》的哥倫比亞大學美國史講座教授艾倫．布林克利曾公開指出：「奧萊利不懂歷史，他寫的東西可笑之至！」奧萊利甚至承認他根本沒有時間寫書。但他在教育程度不高的老中青三代保守派白人觀眾裡的名氣太大，只要他具名出書就能暢銷。

梅鐸集團能把福斯電視辦得如此成功，主要因素是他重用了一個當年幫尼克森做競選文宣的厲害角色羅哲．艾耶斯（Roger Ailes）。一九四〇年出生的艾耶斯從一九九六年開始即主持福斯電視（二〇〇七年加上福斯商業頻道），他主張高舉右翼旗幟，靠攏共和黨，結果他的靠右策略成功，數千萬保守派觀眾每日二十四小時聚集在福斯電視前，滿足自己，亦達到詆毀敵人（民主黨、自由派）的目的。前總統小布希只接受福斯主持人訪問，副總統錢尼只看福斯電視，而使福斯在政治和收入上步步高升，艾耶斯居功厥偉。因此，梅鐸一再和艾耶斯續簽合同。儘管梅鐸私下並不喜歡個性強悍、剛愎自用的艾耶斯，但他必須依賴艾氏為他經營「有力又有利」的福斯電視。在梅鐸新聞集團中，梅鐸年收入最高，約達三千萬美元；首席營運長（COO）切斯・卡利（Chase Carey）次之，二千五百萬美元；艾耶斯第三，二千萬美元，福斯電視高聲叫嚷反民主黨口號，惹火歐巴馬和白宮，因此在二〇〇九年歐巴馬及其幕僚皆拒絕接受福斯電視訪問。在梅鐸的一再要求下，歐巴馬勉強和梅鐸、艾耶斯晤面，雙方同意停火。歐巴馬於二〇一六年四月首次接受福斯電視專訪。

福斯電視雖為梅鐸帶來政治影響力和巨大收入，但他卻自認是個「報人」，報紙是他最愛。他也知道他所擁有的小報《紐約郵報》難登大雅之堂，亦無影響力，因此他處心積慮要擁有一份有水準、有影響力的全國性大報。他終於在二〇〇七年如願以償，以遠遠超出市價的五十六億美元收購《華爾街日報》和道瓊斯公司。梅鐸明白表示，他買下《華爾街日報》的目的是要對抗自由派的《紐約時報》。多年來，《華爾街日報》不斷改版、擴充和增加版面，但其內容仍遜於過去，亦比不上《紐約時報》。以前的《華爾街日報》是社論與意見版保守，新聞則公正、精彩，梅鐸接管後，社論與意見版照樣保守，但新聞報導則失去往日水平與力度。二〇一二年大選，福斯電視、《華爾街日報》和《紐約郵報》都不遺餘力為共和黨總統候選人羅姆尼造勢，他們都希望歐巴馬成為一任總統，而把他們能夠使喚且在意識形態上同為戰友的羅姆尼拱進白宮，但梅鐸失敗了。

事實上，梅鐸經營媒體的理念不只是要贏，更要影響政治、左右時局、向讀者和觀眾灌輸保守觀念以增添共和黨及其衍生出來的茶黨的力量。十九世紀末年，報人赫斯特著意渲染新聞和炮製新聞以製造美西（西班牙）戰爭，他甚至對其派往古巴的插圖記者說：「你提供圖片，我提供戰爭！」時代不同了，梅鐸當然不可能像前輩赫斯特一樣製造戰爭，但他採取文宣攻勢，二十四小時開火，甚至不惜以竊聽電話、語音信箱和電子郵件的方式，落實他的所謂「新聞理念」！

梅鐸在傳播媒體的大水井中放毒，以蠱惑讀者和觀眾，鞏固其新聞王國霸業，對世道人心和人民「知的權利」造成既深且巨的傷害。每一個人都應唾棄這種沒有道德底線的所謂「媒體大亨」！

梅鐸與鄧文迪的婚變

美國籍澳洲裔媒體大亨梅鐸和小他三十七歲的華裔妻子鄧文迪（Wendy Deng）驚傳婚變的消息，震撼全球媒體及美國華人社區。《紐約時報》說，梅鐸和鄧文迪早已「分道揚鑣」，兩個人多年來「已各走各的路」，熟人早就看出這對已結婚十四年的權力夫妻「各自過自己的日子」，但這些熟人完全沒有料到梅鐸竟在大家沒有預見的情況下主動出擊，於二〇一三年六月十三日向紐約州高等法院訴請與鄧文迪離異。梅鐸在訴狀中坦言，他們的夫妻關係「已破裂至無法挽回的地步」，有報導說，當鄧文迪收到離婚文件時，「嚇了一大跳」。最先報導婚變的是網站「好萊塢截稿時間」（Deadline Hollywood）。六月十四日的《紐約時報》在經濟版第三頁以半個版面報導婚變新聞，但梅鐸所擁有的小報《紐約郵報》僅以極不顯著的位置和極少字數報導大老闆的婚變。除了紐約《僑報》，美國華文報紙皆以頭版大幅報導梅鐸和鄧文迪離婚的新聞。熟識梅鐸夫妻的人士說，他們過去認為梅鐸夫婦不致於分手的理由是，財務上會弄得亂七八糟，而且對他們的一對小女兒非常不利。梅鐸夫婦的大女兒葛莉絲（Grace）十一歲（二〇一三年），二女兒柯蘿伊（Chloe）九歲，這對小女兒數年來一直在學中文。婚變消息傳出時，梅鐸夫妻都在曼哈頓第五大道八三四號寬敞的閣樓裡，他們在世界各地（包括北京）擁有數棟豪宅。

網路和平面媒體盛傳梅鐸夫妻婚姻破裂的導火線有三，一是梅鐸深覺對需索無度、態度蠻橫的鄧文迪，已到了仁至義盡的田地，已完全無法繼續容忍鄧的粗暴言語和脾氣；二是夫妻常為財務問題吵架，鄧認為梅鐸沒有給予兩個小女兒家族信託基金投票權，損失太大，且不公平；三是八卦媒體謠傳正值盛年而又體力旺盛的鄧文迪有婚外情，梅鐸患有前列腺（攝護腺）癌，體力已遠非昔比。被八卦媒體波及到與鄧文迪有婚外情的男子，包括前英國工黨首相東尼·布萊爾（Tony Blair）、社交網站「我的空間」（MySpace）創辦人之一克里斯·狄沃夫（Chris DeWolfe）和谷歌執行董事長艾力克·施密特（Eric Schmidt）。

大力支持美國總統布希侵略伊拉克而被英國人稱為「布希的哈巴狗」的布萊爾，是梅鐸、鄧文迪兩個女兒的教父。梅鐸在英國擁有影響力最大的《泰晤士報》和銷量最多的八卦報，他是保守派報人，但他和政治立場不同的布萊爾互相利用而成為各懷鬼胎的朋友。梅鐸於二〇〇五年以五億八千萬美元收購「我的空間」，鄧文迪成為「我的空間」的策略主管，但亦傳出她和狄沃夫有婚外情。谷歌元老施密特於二〇一〇年投資鄧文迪所創辦的Art.sy網站，當時曾傳出他們的緋聞。

鄧文迪是梅鐸的第三任妻子，梅鐸與元配於一九六七年離婚，他們有一個女兒。一九九九年，梅鐸和結髮三十多年的作家妻子安娜離婚，安娜獲得十七億美元的贍養費，其中包括一億一千萬美元現金，他們有三個子女，現都在梅鐸的新聞集團居高位、掌大權。梅鐸與安娜離婚後十七天，即於一九九九年六月二十五日在紐約港口外的一艘名叫「晨光」（Morning Glory）的豪華遊艇上與鄧文迪結婚，有八十二名嘉賓應邀觀禮。原名「鄧文革」的山東大妞鄧文迪如何使用心機和手腕釣上比她大三十八歲的國際媒體大亨，十四年來已成為中外主流媒體和八卦雜誌最熱門的新聞之一。梅鐸的第二任妻子安娜容貌和氣質皆不俗，遠勝鄧文迪，但風流成性的梅鐸對鄧文迪的「中國風味」頗為著迷，而狠心砍斷三十餘年的夫妻情緣，娶了他完全不了解、比他的子女還年輕的東方女性。

身高一米七六的鄧文迪於一九六八年十二月五日生於山東濟南，當時正值文化大革命的瘋狂階段，其父為她取名鄧文革。後來全家搬到蘇北徐州，後又搬至廣州。鄧文革讀中學時回到江蘇，功課好，又是排球選手。日後考取廣州醫學院，認識了來自加州的傑克・切瑞（Jack Cherry）夫婦。已改名的鄧文迪很會巴結切瑞夫婦，她說她很想到美國留學，他們幫她申請到南加州北嶺（Northridge）加州州大。二十二歲的鄧文迪到了加州後，與大她三十歲的傑克・切瑞結婚。這段婚姻維持不到三年，鄧與一個名叫大衛・渥夫（David Wolf）的人劈腿，乃和切瑞離婚。鄧離婚後，到耶魯大學商學院深造，一九九六年畢業獲ＭＢＡ，隨即加入梅鐸旗下的香港衛星電視（Star TV）做事。

一九九八年，梅鐸到香港主持衛星電視內部會議，討論如何開發中國市場，心有所圖而又有充分準備的鄧文迪在會議上直率地質問大老闆：「你的中國戰略為什麼這樣糟糕？」梅鐸對這個直言不諱、大膽放砲的小職員留下深刻印象，而使他「老井生波」。不久，梅鐸前往中國訪問，即邀鄧文迪做翻譯，從此一老一少即墜入情網。不久，公司盛傳大老闆和鄧文迪打得火熱，梅鐸終於在一次高階會議上坦承確有此事。再過不久，心花怒放的鄧文迪首途紐約，她勝利了，她要到紐約和新的「老」情人梅鐸朝夕相處了。

梅鐸與鄧文迪在一九九九年六月二十五日結婚時，已患有前列腺癌，經由醫學高科技的方式，鄧文迪於二〇〇一年生下長女葛莉絲、二〇〇三年再生下柯蘿伊。在他們結婚前，雙方已簽了婚前協議，對財務分配做了詳細規定，這是目前絕大部分名人所採取的做法，以避免離婚時發生糾紛。但梅鐸於二〇〇六年接受公共電視名嘴查理·羅斯專訪時，公開表示葛莉絲和柯蘿伊都在家族信託基金裡有經濟利益，但她們不像她們同父異母的四個兄姊那樣擁有投票權。所謂投票權，即在信託基金會裡，有投票權的家族成員可以提名董事人選，從而在梅鐸死後可以控制整個公司。

個性強悍又容易衝動的鄧文迪是在看電視時，才知道她生的兩個女兒竟然沒有投票權，她大怒，從此和梅鐸沒完沒了，經常為了女兒的投票權而大吵大鬧。但梅鐸堅持到底，就不讓兩個小女兒有投票權。這個解不開的心結，為他們的婚姻埋下地雷。

鄧文迪與梅鐸結婚後，一步步在家族裡、在公司內部、在社交圈、在媒體世界、在個人事業上細心打點、用心鋪路。她知道梅鐸最賞識他和第二任妻子安娜所生的次子詹姆斯，因此她盡量向他示好，並在他面前展示她的能幹。她在外面廣建人脈，經常開派對，與紐約社交界有權有勢、有頭有臉的男女結成朋友。她也開發網路事業，近幾年來則對電影事業情有獨鍾，曾投資電影《雪花與秘扇》，但賣座欠佳。鄧文迪有能力、有才幹、有手段，依恃梅鐸的財富和媒體力量，為自己拓展事業和出路，名利雙收，但流傳外面的閒言閒語卻不利於她，說她脾氣暴躁，常對梅鐸吼叫，對女兒嚴厲，對屬下和僕傭很刻薄。

數年前，美國媒體有三個大亨級人物的妻子皆為華人，其中最有權及最有錢的是梅鐸和鄧文迪夫婦。梅鐸的新聞集團約有七百三十億美元資產，梅鐸個人則有一百一十二億美元資產，遠少於前紐約市長彭博的二百七十多億美元。鄧文迪也許可分到十億美元贍養費，兩個小女兒各可分到一億五千萬美元。梅鐸夫婦鬧婚變時，正值梅鐸的新聞集團將於六月二十八日正式分割成兩個公司，賺錢的娛樂事業如福斯廣播、福斯新聞和好萊塢製片公司共組成二十一世紀福斯公司；出版事業如《華爾街日報》、《紐約郵報》、哈潑柯林斯出版公司則共同成立新聞公司。

第二對權力夫妻是哥倫比亞廣播公司（ＣＢＳ）的首席執行長雷斯利・孟維斯（Leslie Moonves）及其華裔妻子陳曉怡（Julie Chen）。

孟維斯於二〇〇四年和妻子離婚，娶小他二十一歲的同公司紐約地方台新聞女主播陳曉怡；國語（普通話）流暢的陳曉怡於二〇〇九年生一男孩。孟維斯的前妻痛恨丈夫外遇，曾發誓「這輩子不再吃中國菜」！

第三對權力夫妻是華爾街媒體大亨布魯斯・瓦塞斯汀（Bruce Wasserstein）和他的第四任妻子趙安吉（Angela Chao，即前勞工部長趙小蘭的妹妹）。不幸的是，六十一歲的瓦塞斯汀於二〇〇九年與三十九歲的趙安吉結婚不久，即因心臟病突發去世。

如今，梅鐸和鄧文迪情緣已盡，二〇一一年七月十九日鄧在英國國會聽證會上躍身反撲護夫的英勇鏡頭已成絕響。近年被旗下英國媒體醜聞所困的梅鐸雖亦垂垂老去，但在二〇一六年三月四日傳出和小他二十五歲的英國名模瑞莉霍爾結婚，而四十七歲（二〇一六）的鄧文迪「如日中天」，不斷傳出緋聞，與不同男人約會，其中包括小她十七歲的英國頂尖小提琴家查理西恩。

回憶初訪中國的經驗

十六至十七世紀之交的英國詩人約翰．鄧恩（John Donne）嘗言：「人不是孤島。」（No man is an island.）。事實上，國也不是一個孤島。中共於一九四九年十月建國後，逐步興起鎖國心態，在仇外症、懼外症、極端民族主義、關起門來進行政治改造和階級鬥爭，以及在自由世界的集體抵制下，中華人民共和國變成了史上罕見的一個奇特而又孤獨的符號：它是世界上人口最多的國家，但很少人能夠出國，亦很少人能夠訪問中國。於是，在西方人的筆下，中國成為「竹幕」（Bamboo Curiain），以別於中共口中「蘇聯老大哥」及其東歐附庸的「鐵幕」（Iron Curtain）。

中蘇兩個共黨大國於六〇年代鬧翻後，蘇聯一步步加強中蘇邊界的軍力，到了六〇年代末、七〇年代初已陳兵百萬，並屢次大聲恫嚇北京，蘇聯的飛彈目標不再是美國，而是中國大陸。在中蘇關係急劇惡化的七〇年代初，在毛澤東的大戰略佈局下，中美之間突然冒出了所謂「乒乓外交」，中共邀請一批參加日本名古屋世界乒乓球錦標賽的美國選手訪問大陸，完全免費，高檔招待。一九七〇年十月中共慶祝國慶時，即刻意邀請第一個為毛澤東立傳、最受中共感激的美國左翼記者史諾（Edgar Snow）和老毛一起站在天安門城樓上向群眾歡呼。儘管華府最高權力中心當時並未體會到中共示好的用意，但一向反共仇中親蔣的美國總統尼克森卻在暗中策劃如何打開中共的「竹幕」，不再孤立中國，而使中國加入國際社會。尼克森的基本構想之一是促使中共協助美國解決越戰，另一構想是聯中抗蘇。

尼克森開啟中國之門的第一步是，於一九七一年夏天秘遣白宮國安助理季辛吉從巴基斯坦飛至北京。自稱原本對中國問題是門外漢的季辛吉，成為一九四九年紅色中國建政以來第一個會晤毛澤東、周恩來和其他中共大官的白宮高級官員。季辛吉的秘訪為一九七二年二至三月尼克森訪華鋪路，從此，竹幕之門逐漸掀開，無數嚮往中國的外國人都希望搭上「尼克森震撼」的順風車走訪大陸。但長久浸淫於自閉心態下的中共仍畏懼遠方來的訪客，欲拒還迎，甚至多方刁難。而多年自外於國際社會所產生的自卑與自憐心理，試圖以隱瞞、造假和偽裝的方式，掩蓋中國在共產黨統治下仍然貧困不堪的真面目。許許多多在七〇年代及八〇年代中以前走訪大陸的西方和日本訪客，都對「處女之行」留下不可磨滅的印象。

一向關注中外關係史和國際媒體交流的香港資深媒體人廖建明（Kin-ming Liu），二〇一〇年年底讀到前《時代周刊》駐北京特派員（後為《紐約時報》記者）白禮博（Richard Bernstein）於《國際前鋒論壇報》所撰回憶一九七二年首次通過羅湖進入大陸的往事，即興起邀集西方記者述說他們第一次走訪中國大陸的感觸。首先響應的是前倫敦《泰晤士報》東亞新聞編輯、近幾年經常為《紐約書評》雜誌撰寫中國問題和書評的知名「中國通」梅兆贊（Jonathan Mirsky），梅兆贊和白禮博當年同是跨越羅湖橋奔向紅色中國的「現代馬可波羅」。長期觀察中共和外在世界互動的廖建明，在白禮博和梅兆贊回憶文章的衝擊下，決定擴大範圍，除了記者之外，再邀請學者、外交官、商界人士、華僑和西方老左派，回憶他們走進中國的歷史：《我初訪中國之旅》（*My First Trip to China*），香港東坡出版公司出版，全書涵蓋三十篇，另有一篇素負盛名的「中國通」、前柏克萊加州大學新聞學院院長、現任紐約「亞洲協會」美中關係中心主任夏偉（Orville Schell）所寫的導言，講述他和中國的緣份以及他當年初訪華夏的經驗，可作為該書的重要章節之一。

《我初訪中國之旅》厚達三百一十九頁，參與憶述的人包括三、四十年來在各行各業有建樹的知名人士，如二〇一一年出版《鄧小平改變中國》（*Deng Xiaoping and the Transformation of China*）而轟動讀書界的哈佛傅高義（Ezra F. Vogel）、哈佛的馬若德（Roderick MacFarquhar）、哥倫比亞大學的黎安友（Andrew J. Nathan）、協助人權盲鬥士陳光誠到紐約大學進修的紐大法學家孔傑榮（Jerome A. Cohen）、麥迪遜威斯康辛大學的傅立曼（Edward Friedman）、中文說寫俱佳的加州大學河邊校區的林培瑞（Perry Link）、康乃爾大學東亞研究員兼「關心亞洲學者委員會」創辦人之一馬克・塞爾登（Mark Selden）、「關心亞洲學者」創辦人之一理查德・卡岡（Richard Kagan），以及具爭議性的毛思迪（Steven W. Mosher）；新聞界的斯諾遺孀路易絲・惠勒・斯諾（Lois Wheeler Snow）、前《洛杉磯時報》駐北京首席特派員孟慕捷（James

Mann）、近年常在《紐約時報》和《紐約書評》撰寫中國文章的張彥（Ian Johnson）、以《中國的陰影》（*Chinese Shadows*）一書震動東西方出版界的賽蒙・雷斯（Simon Leys，本名李克曼Pierre Ryckmans）。編者廖建明亦邀請新聞攝影家劉香成（Liu Heung Shing）、老記者秦家驄（Frank Ching）、學者曾銳生（Steve Tsang）、企業家鄧永鏘（David Tang）和媒體人何掌邦（C. P. Ho）等華裔，述說他們以炎黃子孫的身份初履神州的難得經驗。

不論是在尼克森一九七二年初訪中國之後訪華或是在八〇年代中鄧小平時代開始之後蒞臨華夏，每個人的初訪經驗幾乎都充滿了驚愕、好奇、迷惑、不悅、失望，甚至傷心與痛苦。但是，他們對中國的好奇心和想要了解神秘中國的渴望，並未因中共官僚的冷漠和中國社會的封閉而卻步，他們一去再去，有些人甚至一住數年。他們對中國的好奇是永恒的，並未因意識形態和思維方式的殊異而向中國說再見。即使是形體上的阻隔，他們對中國的關切與時俱增。

六〇年代在台灣學中文的夏偉曾在基隆海邊「偷聽共匪廣播」，但直至一九七五年才有機會在九龍火車站搭車進入中國大陸，日後出版了一系列有關中國的暢銷書。梅兆贊回憶他和白禮博於一九七二年初訪中國，一個村莊像演話劇一樣把偽裝的家庭供他們參觀，他在第二天碰到說真話的工人，那間道具房間不見了，電視亦失蹤了。工人說，「上面」交代他們演戲。梅兆贊曾訪問過周恩來、達賴和鄧小平，一九九一年被中共驅逐出境。二十二歲的張彥於一九八四年赴北京大學留學，夜間飛抵北京機場時，無人接機，只好搭便車到北大。沒有人幫他註冊入學，宿舍全是老外，向學校要求中國同學當室友被拒，他的室友是個只會說幾個中國字的俄國人。當時的北大和北京對外人非常冷漠；但張彥對中國的探究之心數十年如一日，毫不氣餒。

孟慕捷在採訪美國最高法院八年（一九七六至一九八四）後，《洛杉磯時報》派他在一九八四年隨同美國總統雷根訪華，為他出任《洛時》北京分社主任做熱身運動。《洛時》國際新聞版主編叫他在莫斯科和北京擇其一，他挑了北京。孟氏攜妻帶子到北京不久，即有機會參加中共外交部主辦的外國記者參觀團到青海旅行。到了青海，他們看到一個有高圍牆的巨大建築，同行記者中有人假裝不舒服下車休息，對著大圍牆裡拍照，當地「外辦」同志搶下他們的相機說：「這不是勞改營，這是水力發電廠。」第二天，他們到了西寧附近一座西藏寺院訪問一個曾坐過牢的活佛。外國記者問他是不是文革開始被關，他說從一九五八年西藏抗暴時即坐牢，就關在「他們說是水力發電廠的勞改營」。

《我初訪中國之旅》是一本極有價值且富歷史意義的書，如能附上作者當年初訪中國和近照更佳，編者甚至可以考慮出版中譯本，以嘉惠中文世界的廣大讀者。過去數十年不少初訪中國而對中外歷史走向產生影響的訪客，有的已作古，有的仍健在，他們的文字紀錄是史家和媒體工作者繼續搜羅的寶藏。廖建明已開拓了這項有意義的道路，「前人種樹，後人乘涼」，其功厥偉。

儘管歷史長河漂滿了落葉，浪花亦會淘盡英雄，但莎士比亞在《暴風雨》（The Tempest）一劇中明言：「過去的只是序幕」（What's past is prologue.）。我們可從這些初訪中國的紀錄中，看到未來的序幕。

《紐約客》特派員筆下的中國

美國政府於二〇一〇年為振興小型商業，特選定每年感恩節後的禮拜六週末為「小商業星期六」（Small Business Saturday），鼓勵大家當天到小商店購物，為小額資本生意人打氣，商店亦會給顧客打折扣。二〇一四年十一月二十九日「小商業星期六」那天，美國總統歐巴馬帶他的兩個女兒，十六歲的莎夏（Sasha）和十三歲的瑪利亞（Malia），父女三人到華府一家很有名的書店買書，書店的店名很有意思：「政治與散文」（Politics and Prose），在首都一帶頗有名氣，常會主辦新書發表會。歐巴馬那天在書店和顧客聊天，抱小嬰孩，買了十七本書，其中一本是《紐約客》（*The New Yorker*）雜誌前駐北京特派員歐逸文（Evan Osnos）新近出版的《野心時代：在新中國追逐財富、真相和信仰》（*Age of Ambition: Chasing Fortune, Truth and Faith in the New China*）。這本書剛獲得二〇一四年美國國家書卷獎（National Book Award）的非小說類獎，這個獎和普立茲獎被認為是出版界的兩項最高榮譽。

歐逸文出身於報人兼出版人世家，他的父親彼得．歐斯諾斯（Peter Osnos）在《華盛頓郵報》做過二十多年的記者，曾任駐莫斯科和倫敦特派員，退休後創辦公共事務（Public Affairs）

出版公司，並常在《大西洋》、《新共和》和《外交事務》等刊物撰文。歐逸文一九七六年十二月二十四日生於倫敦，當時他的父母親從莫斯科到倫敦旅遊。歐逸文從小就喜歡舞文弄墨，上大學後對中國事務產生極大興趣。一九九八年以優異成績畢業於哈佛，主修政治學。一九九六年，他曾到北京首都師範大學當半年交換生。他平時常下功夫勤學中文。大學畢業後，歐逸文師法其父，投身新聞界，一九九九年加入《芝加哥論壇報》（*Chicago Tribune*）當市政記者，後升為全國新聞和海外特派員。二〇〇一年「九一一」事件時，他剛好是駐紐約的特派員。二〇〇二年，調至中東，採訪侵伊戰爭，並從埃及、敘利亞、沙烏地阿拉伯和伊朗等地發出報導。

歐逸文的最大目標是當駐華特派員，以實現他進一步了解中國、近身觀察中國社會的願望。二〇〇五年，《芝加哥論壇報》派他到北京，使他如願以償，但在三年後調回美國本土，並參與該報一個調查報導團隊，這個團隊獲得普立茲調查報導獎。二〇〇八年九月，歐逸文投效《紐約客》雜誌，成為該雜誌繼何偉（Peter Hessler）之後的駐北京特派員。目前中美兩國愛讀書的知識人都在比較何偉與歐逸文誰寫得更好？在北京的演講會中，甚至有人當面問歐逸文這個問題，歐氏謙虛地答道：「何偉比我好。」

何偉生於一九六九年，密蘇里州人，父親是社會學家，畢業於普林斯頓和牛津，一九九六年以和平工作團團員身份到四川涪陵教英文。二〇〇〇年至〇七年擔任《紐約客》首任駐北京特派員，曾出版三本暢銷書：《消失中的江城》（*River Town*）、《甲骨》（*Oracle Bones*）和《尋路中國》（*Country Driving*），這三本書被出版界稱為何偉的「中國三部曲」。何偉曾於二〇一一年獲得麥克阿瑟天才獎，獎金多達五十萬美元，這也許是何偉未能得到國家書卷獎或普立茲獎的最大慰藉。何偉和他的華裔妻子現住埃及開羅，繼續為《紐約客》寫稿。

何偉和歐逸文的基本不同是，何偉像個作家，歐逸文則是個記者。這兩個一流寫手在中國亦擁有廣大讀者，被稱為「非小說類的雙胞胎」。《紐約時報》認為：「歐逸文與何偉是一棵樹上結出的兩個迥異的果實；如果說何偉的敘述更個人化，精於探究內心；歐逸文則更具記者的全局掌控力，他擅長將講述對象放置在廣闊背景中，勾勒出複雜的中國全景。」

二〇〇八年九月，長相俊秀的歐逸文（北京讀書界稱他為「帥哥小歐」）正式接下何偉的棒子，直至二〇一三年返美。二〇一四年三月曾回到北京參加一項文學活動，歐氏和他的妻子莎拉貝絲．柏曼（Sarabeth Berman）曾在北京國子監附近租了一個小四合院。他說他在二〇〇五年搬到中國後，就感覺到一股「熱」潮，他說：「不論我在中國探究任何文化現象或某個出名的人，我總是聽朋友用『熱』這個字眼來形容他們。如『博客熱』、『奧運會熱』等。另一個引起我興趣的是『個人主義』。」觀察敏銳的歐逸文表示，雖然中國人並不喜歡「個人主義」這個詞，他們認為是「自私」，但他強調新中國就是因為有這些有個性、有能力、又能實現自己理想的個人，而使整個國家不一樣。歐氏說：「他們在某一領域獨當一面，不可或缺，富有創意，很有潛力或者大權在握。我發現許多人開始追求個性，追逐自我價值的實現，這是一股巨大的力量。」歐氏又說，他認為「個人主義」在中國的確存在並且非常重要，但這個詞彙在中國仍令人不太自在舒服。

從「熱」、「個人主義」這兩種社會現象，歐逸文開始對「野心」這個字眼感到興趣。他在接受《紐時》訪問時說：「野心的用法在中國也經歷了一些轉變，二十年前，假使我們說某人有野心，那是對這個人的冒犯；但如今，野心成了必須，如果你沒有野心，那你就落後了。而在『熱』和『個人主義』背後，正是『野心』在驅動。」因此，歐逸文從觀察時代脈動的眼光搜尋一些足以說明（或詮釋）新中國在「野心時代」的特色。

他採訪了幾個代表人物：一九七九年從金門泅水到廈門投奔共軍的台灣軍官林正義（後改名林毅夫），歐氏於二〇一〇年認識林毅夫，訪談五、六次，二〇一三年七月甚至還跑到金門體會當年國共對峙的況味。歐氏亦採訪了瘋狂學英語的李陽、導演賈樟柯、玖龍紙業創辦人張茵、復旦大學「憤青」唐杰、從農民白手起家創建大型交友網絡「世紀佳緣」的龔海燕、作家韓寒、《新世紀周刊》總編輯胡舒立和林谷等人。他深度報導了「鐵老大」（鐵道部長）劉志軍的垮台，他跑到廣東佛山採訪二〇一一年被兩輛車壓死而被十八個路過者漠視的小悅悅事件，他跟隨中國旅行團到巴黎，親看中國人如何逛花都、如何消費、如何在法國「表現自己」。

歐逸文在為《紐約客》撰文期間，亦在博客上開闢「中國來鴻」（Letters from China）專欄。他說每一篇報導都要花二、三個月時間準備（有些甚至要半年），至少採訪五、六十個人。每期銷路百萬本的《紐約客》創刊於一九二五年，是一本高水準的讀物，現任總編輯猶太裔的大衛．雷姆尼克（David Remnick）於普林斯頓大學畢業，熟諳俄文，曾任《華盛頓郵報》駐莫斯科特派員，曾以《列寧的墳墓》（*Lenin's Tomb: The Last Days of the Soviet Empire*）一書獲普立茲獎，是個上乘的總編輯。《紐約客》有個著名的查核組（factcheck），擁有二、三十個查核員，查對作者所寫的是否符合事實。為了何偉和歐逸文的中國報導，《紐約客》聘了兩個懂中文（有一個懂廣東話）的查核員。歐氏返美後，出任《紐約客》駐華府第二特派員，曾寫過一篇深度專訪副總統拜登的長文。《紐約客》首席駐華府特派員是瑞安・李札（Ryan Lizza），他也是《新共和》的特約撰述。

歐氏說他人在美國，最想念的是「北京餃子」，他說他的「血管流著中國的血液」。歐氏又說他在哈佛時選了一門馬若德（Roderick MacFarquhar）開設的「一九四九年後的中國政治」課，使他大為著迷，從此與當代中國結下不解之緣。他說馬若德是學者，也是記者和文史專家，開導了歐逸文「如何在歷史和政治的邏輯框架下敘述中國的故事」。有趣的是，馬若德的作家女兒拉莉莎（Larissa）和歐逸文同在《紐約客》任職。歐氏最遺憾的是，大陸的讀者將看不到他的簡體字版《野心時代》，因中國出版單位堅持刪節，歐氏峻拒。

歐逸文認為現在的中國很像二十世紀初年的美國，是個「什麼事都有可能的時代」。他說，一九二〇年代的美國是個「爵士時代」，也是「大亨蓋茨比的時代」（The Age of Great Gatsby），處處隱藏著可能性，一個來自北達科他州小鎮的青年可以在大城市成為大亨，只要有決心，再加上一點「不守規矩」，就可以成功。那是一個激動人心的時代，那個時代美國建起了摩天大樓、全國性鐵路、徵收所得稅……只要你敢打破規矩或遊戲規則，你就能飛黃騰達。這種可能性正是此刻中國與當時美國的相似之處。

歐氏強調，激動人心的背後卻也隱藏著社會系統逐漸失控，因一小部分人精於鑽漏洞以從中牟利。歐氏表示：「中國經常讓我擔憂的一點是，制度在金錢、政治和權力之間失衡了。如果制度合理，就會迅速回應社會壓力並做出調整；反之，不合理的制度設計導致反應遲鈍，滋生不滿和怨恨，最終會演變為混亂無序。」歐氏說，中國在活力四射及經濟奇蹟的「鍍金時代」中，卻缺乏精神支柱，中國人的靈魂有點空洞，而使得這個國家的未來變得難以捉摸，甚至令人憂心。

歐逸文以英華之年、銳利的眼光和深入的洞察力，把他在中國大陸八年的親身體驗與接觸，譜成生動而又發人深省的《野心時代》。這是想了解當代中國的一部不可或缺的好書。

ＣＢＳ創辦人威廉・裴理剪影

哥倫比亞廣播系統（ＣＢＳ）創辦人威廉・裴理（William S. Paley），一九九〇年十月二十六日病逝紐約，享年八十九歲。

裴理是美國廣播事業之父，他對廣播界（包括無線電及電視）的開山闢路，等同於亨利・福特對汽車工業、卡耐基對鋼鐵工業、亨利・魯斯對雜誌業、貝比魯斯對棒球運動的不朽貢獻。

裴理以無線電台起家，在六十二年的漫長生涯中，發展成涵蓋電視、出版、唱片、新聞的傳播帝國。他致力於高品質的文化，但更不忘情於大眾娛樂；他培養了美國近代新聞史上最傑出的一批廣播記者，他提拔了平・克勞斯貝、法蘭克・辛納屈、傑克・格利遜、喬治・彭斯和靈犬萊西。同時，他也創造了《我愛露西》、《蘇利文時間》、《ＣＢＳ報導》等膾炙人口的娛樂與新聞節目。

從二十世紀後半期開始，「電視文化」對美國社會所造成的衝擊，乃人類文明史上所僅見，而裴理就是所謂「電視文化」的創造者。其功過，可以說是「前不見古人，後不見來者」。

裴理於一九〇一年九月二十八日出生於芝加哥，他的雙親都是在十九世紀八〇年代從俄國烏克蘭移民來美的猶太人。自芝加哥搬到費城後，裴理的父親即從事製造和販賣雪茄煙，發了大財。裴理自賓夕法尼亞大學華頓商學院畢業後，幫他父親經營雪茄業。一九二〇年代，收音機問世不久，裴理對這個「會說話」的玩藝兒頗感興趣。有一次，他趁其父親和愛管事的舅舅度假時，私自拿錢向當地的無線電台買了一段時間，推銷雪茄煙，結果反應奇佳。裴理的父親很驚異地發現：他花五十萬美元在報紙登雪茄廣告，但反應欠佳，他的兒子只花五十元做一個禮拜的無線電廣告，其效果竟遠遠超過報紙廣告。從此，裴理開始全心全力注意廣播電台的動態了。

一九二六年，有兩個脫離NBC（國家廣播公司）的人，合組了一個UIB（聯合獨立廣播公司），一年之內，這個UIB就擁有了十六個電台。一九二八年九月二十六日，裴理在他二十七歲生日前兩天，抽出他在雪茄公司的全部股份四十一萬七千美元，投資他所喜愛的UIB，並將其易名為CBS，他自己擔任總裁，這就是CBS的源起。裴理死前一年在CBS所佔的股份，約值三億五千六百萬美元。

裴理把CBS從費城搬至紐約，並與四十九個電台簽合同，加盟CBS。裴理對節目的製作與人才的發掘，最具興趣；同時，他也能洞察時尚，因此常能適時推出觀眾喜愛的節目。三〇和四〇年代，是CBS急遽成長的時期，它的廣播節目，特別注意製作品質和娛樂效果，其他電台皆無法望其項背。

在CBS的成長過程中，裴理獲得了無數才具之士的協助，其中兩大功臣就是法蘭克·史坦敦（Frank N. Stanton）和愛德華·莫洛（Edward R. Murrow）。開創之君，必須要有能幹的輔佐之臣，三〇年代中葉進入ＣＢＳ工作的史坦敦，傾畢生之力，襄贊裴理，提升ＣＢＳ的節目水準，開拓市場，四十年如一日；莫洛則是裴理於二次大戰期間在倫敦發掘的一位廣播彗星。其時，裴理在盟軍總部心戰署擔任上校副署長，他請莫洛出任ＣＢＳ倫敦分社主任，莫洛又聘了一批傑出的年輕記者，協助他報導和採訪歐洲戰事，這一批精銳之士後來就形成了ＣＢＳ新聞部門的主幹，這一批能說會寫的廣播記者，被稱為「莫洛的跟班」（Murrow Boys），他們是美國廣播新聞史上最出類拔萃的人物，他們的名字是：艾力克·沙佛萊（Eric Sevareid）、查爾斯·柯林伍（Charles Collingwood）、霍華德·史密斯（Howard K. Smith）、道格拉斯·艾德華（Douglas R. Edword）等人。

可以這麼說，史坦敦使ＣＢＳ躍居三大電視網之首，莫洛則使ＣＢＳ成為最具權威、最受尊敬的廣播新聞專業電台。

但是，史坦敦和莫洛後來都跟裴理弄得不歡而散。裴理本人具有許多企業家和文化事業家所無法企及的優點，但也有一般大事業家的通病，而且是嚴重的「症狀」：不信任人、猜忌、小氣（包括花錢和胸襟），熟悉他的為人的新聞評論家稱他是「一個無寬厚之心的暴君」。

裴理雖然對無線電廣播的發展，眼光獨具，貢獻卓著。但他在四〇年代末期電視出現之際，卻抱持懷疑、反對的態度。他認為電視絕對不能取代收音機，其前途遠景一定有限。然而，他周圍的人，特別是史坦敦，大力勸他把ＣＢＳ的發展重點放在電視上。他們告訴他，未來的世界將是電視主宰傳媒的時代，電視必定是「明日之星」。雖有經營頭腦卻無科技眼光的裴理，只好

「怏怏」相信身邊策士的建言，不得不把電視列入ＣＢＳ發展的前瞻計畫。

但是，裴理還是猶豫不定，還是持疑不決。在爭分奪秒的大眾傳播界裡，逡巡不前是一樁致命傷。當裴理決定把大量資源投入電視的時候，ＣＢＳ已落在ＮＢＣ之後了，幸得史坦敦、莫洛等大將的賣力拚命，始拉近距離，並在短期內超過ＮＢＣ。

裴理身居傳播王國之首，但對政治領袖特別「禮讓」。他在二次大戰時，做過盟軍統帥艾森豪的屬下，艾克競選總統時，他也支持他。莫洛在主持新聞評論節目時，常會批評艾森豪政府，華府乃向裴理表示不滿，裴理就對莫洛施加壓力。莫洛是個近乎「威武不能屈」的記者，他不高興裴理的干擾，於是兩人之間衝突不斷。裴理以取消莫洛的節目為要挾，以逼迫他就範，莫洛不願再待下去了。一九六一年甘迺迪總統上台後，要找一位新聞總署署長，莫洛獲邀參加甘迺迪的「新境界」政府，離開了他一手辛勤耕耘的ＣＢＳ新聞部。

裴理為ＣＢＳ訂定退休條例，規定年屆六十五歲的主管和職員，必須退休。但第一個「違規」的人，就是他自己。如按規定，裴理在一九六六年就已達六十五歲退休之齡，他非但沒有退隱，反倒把他所提拔的繼任人選，一個一個加以「砍掉」，從六〇年代「砍」到八〇年代，一共有五個繼承人（接替行政主管和董事會主席的位置）遭裴理趕走。對ＣＢＳ具有再造之功的史坦敦，在擔任董事會副主席時，年屆六十五歲（一九七三年），生日未到即獲裴理通知「必須按規定退休」！

裴理本人除了對廣播有專注興趣之外，對名畫和美女尤具「收藏」之癖。他一直是紐約現代藝術館的董事會主席，在一九六八年時，他把該館館長貝茲．羅利解職，另一董事羅夫．柯林辭職抗議。柯林與裴理論交四十年，並且是裴理本人和CBS的法律顧問。柯林親口對裴理說，他雖不做藝術館董事，但希望和裴理的友誼不受影響，裴理答道：「我從不認為你是我的朋友，我一直把你當做是僱員。」

裴理常自吹CBS絕不向政治勢力低頭，但他當年受到艾森豪政府的壓力轉而干擾莫洛的新聞節目。尼克森時代的白宮顧問亦透露裴理曾私下表示「鼎力支持尼克森」等情事，十足顯示即使是新聞媒體的「大亨」，也不得不向政治頭頭哈腰！

其實，不僅裴理如此，美國其他傳播界的亨字號人物，也莫不如此。例如《生活》與《時代》的創辦人魯斯、《紐約時報》與《華盛頓郵報》的老闆等，都有過向政治勢力低頭讓步的紀錄。「風骨嶙峋」四個字，似已變成廣陵絕響了！

裴理是一個精力充沛的人，也是一個「生命力」極強的人。他的長壽，使他可以不斷地主導CBS的發展和追求他的嗜好與興趣；他的精力旺盛，使他能夠不退休，可以「殲滅」他的指定接班人。另一方面，也使他永遠有美女陪伴。裴理於一九三二年與朵露西．哈特結婚，兩人共同收養了兩個孩子，一九四七年雙方仳離。同一年，裴理娶了號稱「天下第一美女」的離婚女人芭芭拉．庫辛，兩人生了兩個小孩（芭芭拉與前夫亦生有兩個孩子）。裴理與子女頗為疏遠，他平時住曼哈頓第五大道的公寓，有時到長島曼哈塞特鎮的花園洋房小住，子女皆住長島。在巴哈馬島，裴理亦有一個大而舒適的別墅。

裴理與第二任妻子感情彌篤，兩人皆酷愛社交，同為紐約藝文界的「巨星」。但裴理亦與不少影星、模特兒有密切關係。

一九七三年，裴理夫婦前往中國大陸訪問，周恩來曾在人民大會堂會見他們。他們在離華赴日訪問前夕，住宿在上海和平飯店，凌晨時分，裴理的妻子芭芭拉突感全身發冷，裴理幫她蓋毛毯之後，芭芭拉又喊太熱，體溫升高到華氏一〇二度，醫生送藥來，芭芭拉不願住院，但吃藥無效，體溫又升至一〇四度。裴理只好強迫她住院，到了醫院後，中國醫生診斷出芭芭拉染上肺炎。裴理在一九七九年出版的回憶錄中說，他在上海打越洋電話給其妻在紐約的醫生，向他們報告病情，紐約醫生同意上海醫生的治療方法。裴理對上海醫生的醫術，頗為佩服。他們取消了日本之行，芭芭拉在上海的醫院住了兩個禮拜後直接返回紐約。紐約醫院的醫生頗讚賞上海醫生「全面而又合乎現代水準」的醫療方式，返抵紐約兩、三個月後，醫生在芭芭拉的右肺上發現了一個腫瘤，開刀割除後始證實是惡性的。兩年後，又一腫瘤出現，再度開刀，但把整個肺部都切除了。芭芭拉雖重病在身，但仍繼續社交，絕口不談病情，一九七八年夏天，死神奪去了她六十三歲的生命，裴理傷痛欲絕。

芭芭拉去世後，裴理的心境、健康亦大受打擊。他還是照樣管事，仍然出席各種重要會議，但身體狀況已顯著衰退了，悲哀的是，他一手創立的CBS也開始跟著走下坡了。裴理是一個創造「系統」（System）的人，但CBS這個「系統」在八〇年代已經不是他一個人的智慧、精力與手段可以駕馭了。人事的糾紛、領導層的鬥爭、開支的龐大、節目的不叫座等等問題紛至沓來，裴理又不退休，又不滿意繼承人。一九八五年，經營旅館、連鎖電影院、菸草業和保險業的猶太巨富勞倫斯・迪希（Laurence Tisch）買下了大量的CBS股票，成為最大的股東。一年後，迪希和裴理合作趕走了裴理的第五個繼承人湯瑪茲・威曼。但代價是慘重的，CBS賠了三百八十萬給威曼。不僅如此，以後每年還要付四十萬給他，一直付到威曼進棺材！

一九八七年一月，永不退休的裴理又做了主席，但已是一個毫無實權的空頭主席，CBS的大權完全操在迪希手中，他的頭銜是總裁兼首席執行長（CEO）。然而，CBS已經「內部出血」了，迪希把頗具聲望的「CBS唱片公司」賣給日本的「新力」（SONY），售價二十億美元，不久又把「CBS出版公司」分割零賣，共得款六億五千萬美元。

裴理在晚年經常以輪椅代步，但他仍然堅持上班、開會，仍然愛到法國餐館吃晚餐，仍要年輕的金髮美女陪他。雖然裴理在CBS擁有三億五千六百萬的資金，但這個帝國已經不再屬於他了。他已「押陣」太久了，在第一代、第二代、第三代的功臣都已紛紛死亡、老去、跳槽的時代，他仍是一個有「工作狂」的老頭兒，一個有強烈生命力的白髮老將。

裴理創造了美國的廣播歷史，塑造了電視文化。經過六十年的奔馳之後，他已經交出了火炬，舊的時代已經逐漸黯淡，新的時代則已微露曙色。

美國近代廣播新聞先驅愛德華・莫洛

一九五七年一月，在緬甸總理宇努的說服下，中國總理周恩來終於答應接受美國哥倫比亞廣播公司（CBS）王牌記者愛德華・莫洛（Edward R. Murrow）的訪問。這是中共領導人首次同意上「美帝」的螢光幕，當時確是一件大事。

其時，周恩來正在仰光訪問，莫洛在紐約獲悉宇努安排成功之後，立即率領製作小組飛赴仰光。但周恩來提出一個條件，即莫洛必須在訪問前，把題目交給他「審核」，不願回答的問題，周氏有權刪除。由於機會難得，莫洛答應周恩來的要求。結果，周氏刪掉了莫洛想問的幾個問題，其中包括：北京是否會讓蔣介石在中共政府中擔任要職？美國人被中共監禁的情況？中共是否會走南斯拉夫領導人狄托路線？

莫洛對周恩來的訪問，在莫洛主持的《親臨現場》（See It Now）電視節目中播出。全美千萬觀眾看了莫、周對話之後，大失所望。在他們的心目中，周恩來是一個能言善道、表情豐富、風度翩翩的第一流共產黨「推銷員」；而且大家認為周恩來一定會把握這個機會，爭取美國人民的好感。但美國觀眾卻失望透頂，周恩來的表現太糟糕了！

據一九五七年一月七日出版的《時代》周刊說，周恩來在電視上的造型與表現，「均不是像一般人所說的那麼好」，也就是「名不副實」。《時代》又說，周恩來在電視上顯得「太過嚴肅、沒有幽默感，而且一臉倦容，其表現望之不似其本人。」周氏在訪問中，照本宣科，兩眼盯著稿子唸，完全使用中文。《時代》說，周恩來唸稿子回答的樣子，看起來似無精打采，「他的年紀（五十七歲）和憂勞，已顯現在他的瀟灑但鬚根刺眼的臉上。」

一直到十五年以後，也就是一九七二年二月，美國人民才又在電視上看到神情愉快但已垂垂老去的周恩來，和尼克森總統握手寒暄、舉杯祝酒。

在冷戰時代，在毛澤東大罵「美帝是紙老虎」的年頭，只有莫洛能夠邀請到周恩來上美國電視，也唯有莫洛的節目，周恩來才答應去「亮相」。當然，周、莫二人絕未料到訪問結果竟如此不理想。

美國廣播新聞事業（無線電與電視）能有今日的高水準，與報章雜誌鼎足而立，其肇因乃在於莫洛在二次大戰期間，打下了堅實的基礎，開創了光輝的先河。

莫洛是美國無線電新聞的奠基人，也是電視專題報導的開路人。他對美國廣播新聞事業的貢獻與影響，是「前不見古人」的。

一九三七年，莫洛出任ＣＢＳ駐歐洲辦事處主任，時年二十九歲。雖說是「駐歐辦事處」，但上上下下只有他一個人。二次大戰爆發前夕，莫洛親自在維也納現場報導納粹鐵蹄踏入音樂之都。莫洛並請到名記者兼作家威廉．夏爾（William L. Shirer，《第三帝國興亡史》作者）加盟CBS，與莫洛輪番報導歐洲戰雲密佈的局勢。千百萬的美國人民，日以繼夜地守候在收音機旁聆聽莫洛和夏爾的廣播。

大戰爆發後，莫洛的新聞報導：「這裡是倫敦……」，不但成為美國聽眾不可或缺的「糧食」，亦是英國人民的良伴。

莫洛不僅報導他的所見所聞，而且將整個戰爭的氣氛，通過無線電，帶進每一位聽眾的心中。他描述血腥的戰役、轟炸後的慘狀、百姓的感受；戰士執干戈以衛社稷，莫洛則執麥克風以報導盟軍的英勇不屈。CBS倫敦辦事處雖遭德國空軍的三次投彈，莫洛仍一本新聞記者「不怕死、不畏懼」的原則，親赴砲火連天的第一線，做二十五次以上的戰地實況報導。儘管CBS紐約總部命令他「安全第一」，莫洛仍經常在德國轟炸機的肆虐下，站在倫敦街頭做現場目擊報導。

莫洛的報導特色是，深入而又生動，句子簡潔，講究用詞而兼有詩的節奏感。莫洛除了在專業上具一流才華之外，他也是一位知人善任的伯樂。他提拔了艾力克．沙佛萊、查爾斯．柯林伍、霍華德．史密斯等上乘記者，這些人都是美國廣播新聞界的瑰寶，也是在日後協助莫洛，將美國無線電與電視新聞節目，引上更高層次的拓荒人物。八〇年代初始交卸CBS晚間全國電視新聞主播棒子的華特．克朗凱（Walter Cronkite），二次大戰時為合眾社戰地記者，莫洛曾邀他加入CBS，克朗凱婉拒，直至五〇年代初期才投效CBS，奔入莫洛旗下。

一九四一年十二月七日，羅斯福總統在白宮以晚宴款待莫洛，代表美國人民感謝他的歐戰報導。晚宴未準時開席，且耽誤了頗長的時間，原因是：日本在那天偷襲珍珠港。

在歐洲九年之後，莫洛於一九四六年調返紐約，出任CBS主管新聞業務的副總裁。具有新聞狂熱的莫洛，受不了行政工作的索然無味，乃在十八個月後再度「下海」，重作馮婦於麥克風前。他的廣播新聞節目持續了十三年，全美有一百二十五家電台轉播。莫洛並自一九五一年起，主持電視專題報導節目《親臨現場》，這個最賣座的節目，在一九五八年始改名為《CBS報導》。

五〇年代初期，極右派的威斯康辛州共和黨籍參議員麥卡錫，無所不用其極地打擊每一個他所懷疑的人，亂拋紅帽子，製造恐怖（兼恐共）氣氛，使美國社會陷入風聲鶴唳、草木皆兵的狀態。可憾的是，很少有力人士挺身而出以對抗「麥卡錫主義」的羅織曲解與政治迫害。當麥卡錫在艾森豪面前猛烈攻擊馬歇爾時，艾克居然噤若寒蟬，不敢為當年提拔他的恩人兼老長官辯護。

集一國眾望的莫洛，終於在一九五四年三月九日晚上，在電視節目中，揭發麥卡錫的惡毒伎倆。莫洛的報導方式是，以麥卡錫之矛攻麥卡錫之盾，使麥氏的真面目暴露於螢光幕上。莫洛的單挑行動，使麥卡錫形象大受打擊，並扭轉了美國人民對麥卡錫的看法。當莫洛批判麥氏的節目播出之際，麥氏的一位好友驚慌失措地喊道：「麥卡錫這下子完蛋了！」

這就是莫洛「威武不屈」的不朽貢獻。流風所及，絕大多數的美國新聞工作者都了解什麼是真假對錯，什麼是有害於或有益於人民福祉，什麼是新聞記者的真正職責。

一九六一年一月，揭櫫「新境界」的甘迺迪就任總統，特邀莫洛入閣，擔任美國新聞總署（USIA）署長。莫洛以自由主義的思想與作風，革新了新聞總署的許多文化與新聞政策，使遍佈海外各友邦的美國新聞處（USIS），更符合文化、學術與教育交流的宗旨。

每日吸煙六十至七十支（一天三包至四包）的莫洛，於一九六三年十月罹患肺癌。莫洛報導新聞或主持節目的一大特色是：煙不離手。莫洛與病魔纏鬥兩年之後，於一九六五年四月二十七日去世於紐約，享年五十七歲。詹森總統在悼詞中稱頌莫洛是個「勇毅的戰士」、「為新聞工作奉獻一生；在擔任公職期間亦永不停懈地追求真理。」

「前人種樹，後人乘涼」。莫洛在美國廣播新聞史上的地位，是無與倫比的；他的成就是石破天驚的。莫洛有開拓之功，亦有守成之力：他為廣播新聞注入了生命，並使這個生命成長、茁壯。

《波士頓環球報》與《驚爆焦點》

《驚爆焦點》（Spotlight）榮獲二〇一六年奧斯卡最佳影片，讓許多影評家跌破眼鏡，他們以為非《神鬼獵人》莫屬。《驚爆焦點》的脫穎而出，可說是自三十九年前《大陰謀》（All the President's Men，又稱《水門事件》）以來，又一部以報社編輯部為背景的電影稱雄影城。但《大陰謀》僅獲最佳男配角和最佳改編劇本兩項大獎，而《驚爆焦點》則一鳴驚人，除了最佳影片，亦獲得最佳原創劇本。

《驚爆焦點》得大獎有雙重意義，一是為新聞界（特別是紙媒）打氣，向公民社會證明調查記者更負有保障弱勢族群、向權勢機構說真話的責任。二是揭發天主教的黑暗面，尤其是使大批沉迷性侵的神父暴露於陽光下，無所遁形。《波士頓環球報》編輯部的焦點調查新聞小組，就是電影《驚爆焦點》所描述的對象，這個小組只有五、六個人，一個是編輯，一個是資料員，其他則是記者。調查小組成員二〇一六年二月二十八日晚上亦獲邀以貴賓身分參加奧斯卡頒獎典禮，他們異口同聲地說是第一次也可能是最後一次參加星光閃閃的典禮。

波士頓居民以信奉天主教的愛爾蘭後裔為主，天主教勢力極大，波士頓樞機主教更是權傾一時，地方政客都對他敬畏有加。神父性侵幼童傳聞，在波士頓早已不是新聞，許多人都知道不少禽獸神父蹂躪小男生，但無人膽敢公開舉報。即使有受害者的父母向執法單位投訴，皆石沉大海，媒體不願或不敢報導。二〇〇一年，《波士頓環球報》新任總編輯馬蒂・巴倫（Marty Baron，猶太裔）上台，他在該報的一篇專欄中看到埋在文章裡面的一則大新聞：盛氣凌人的波士頓樞機主教伯納德・羅氏（Bernard Law），知道一個名叫約翰・基根的神父一直在性侵幼童，不但未加以阻止，甚至蓄意掩護。於是，巴倫下令焦點小組展開行動，全力挖這條新聞。

其實，前幾任的總編輯都知道基根神父性侵幼童，但都不敢追蹤。焦點小組在二〇〇二年發表了二十二篇深度報導，震撼全美，榮獲二〇〇三年普立茲公共服務獎。基根一個人即在三十多年裡性侵一百三十幾個小男生。基根被判十年徒刑，關進牢裡第二年即被同房獄友打死。焦點小組還發現，整個麻州有七十多個神父性侵一千多名幼童。羅樞機主教在波士頓待不下去了，一向官官相護、家醜不外揚的天主教最高層，把他調到梵諦岡當四大教堂之一的主持人；不僅安然無恙，且照樣享受美酒佳餚，二〇一六年已八十四歲。

焦點小組亦採訪到紐約、費城、芝加哥、洛杉磯和亞利桑納州土桑市等地神父，都有一連串性侵小男生的紀錄。據非正式統計，數十年來，全美至少有將近萬名幼童遭神父性侵，使他們受到一輩子無法治癒的身心創傷。《驚爆焦點》二〇一五年推出後，梵諦岡持肯定態度，認為該片「誠實」，亦「令人信服」，並表示教廷正協助美國天主教會洗刷罪惡。

《驚爆焦點》的導演湯姆・麥卡錫（Tom McCarthy），也是劇本作者之一，他和佐希・辛格（Josh Singer）為了撰寫劇本，花很多時間探究焦點小組的歷史，結果被他們挖到焦點小組在一九九三年即已採訪到神父性侵事件，卻受到壓力而留中不發。《驚爆焦點》得大獎的消息傳出後，美國新聞界大感興奮。報紙的力量和作用畢竟沒有消失，仍然是社會的公器，在電子媒體掛帥的今天，更顯可貴。

《華盛頓郵報》的兩名調查記者七〇年代挖到水門事件，搞垮了不守法的尼克森總統；《波士頓環球報》的焦點小組則不畏天主教壓力，揭發了神父的獸行。尤值一提的是，當年在《波士頓環球報》下令調查神父性侵的總編輯巴倫，現在是《華盛頓郵報》總編輯。人才到處有人搶，洵非虛語！

滋潤新大陸文化心靈的原創人

海明威夫婦訪問抗戰中國

一九九九年七月二十一日，適逢美國小說家海明威百年冥誕，全球各地文壇陸續舉辦各項紀念活動以緬懷這位二十世紀最具影響力的偉大作家。海明威的次子派屈克（Patrick Hemingway）並將其父生前未完成的自傳體小說《初曙顯真》（*True at First Light*）整理出書。

海明威於一九二五年出版的《旭日又東昇》（*The Sun Also Rises*，一譯《妾似朝陽又照君》）、一九二九年推出的《戰地春夢》（*A Farewell to Arms*），以及一九四〇年問世的《戰地鐘聲》（*For Whom the Bell Tolls*），非唯帶領風騷，且奠定其在文學史上的不朽地位。一九五三年以《老人與海》（*The Old Man and the Sea*）得普立茲年度最佳小說獎，翌年再獲諾貝爾文學獎。一九九八年蘭燈書屋的「當代文庫」選出本世紀一百本最佳英文小說，海明威的《旭日又東昇》與《戰地春夢》分列第四十五、七十四，排名遠落費茲傑羅（Francis Scott Key Fitzgerald）、福克納（William Faulkner）、史坦貝克（John Steinbeck）、德萊塞（Theodore Dreiser）、亨利．詹姆斯（Henry James）和其他美國作家之後，然論到現代小說的衝擊，二十世紀的英美作家可能無出其右者。張愛玲於六〇年代翻譯美國文學評論家菲列普．楊格（Philip

Young）〈論海明威〉一文，即言：「他的作風、他的主角、他的風格與態度，幾乎人盡皆知——不單是在講英語的世界裡，而且在只要有知識分子的地方，凡是知道他作品的地區，就有人模仿、改造或吸收他的筆法。」

海明威的小說，在相當程度上反映了他的生命力和人生觀。他的作品充斥了戰爭、狩獵、鬥牛、捕魚、酗酒、性愛、壓抑、苦悶以及對命運的搏擊；在字裡行間洋溢著暴力、血腥、剛強、不屈、挑戰和跳動的生命。他寫活了一九二〇年代流落巴黎的「失落的一代」（lost generation），以深刻的筆觸描寫他們在茫茫人海中失去方向和無目的之奔逐。他藉由《老人與海》的主角桑迪亞戈老漁夫的口中道出了他的人生哲學：「人不是為失敗而生的」、「一個男子漢可以被毀滅，但不能被打敗！」蔣經國讀完《老人與海》，獲得「很多新的、有關人的生存與奮鬥的啟示」，而在一九五八年聖誕之夜寫了一篇〈我們是為勝利而生的！〉文章。值得玩味的是，被布希政府用武力推翻的伊拉克獨裁者海珊（薩達姆），亦是「海明威迷」。

從小即有叛逆精神的海明威，高中畢業後即未再接受正式教育，離開故鄉伊利諾州橡樹公園（Oak Park），跑到《堪薩斯城星報》（*Kansas City Star*）當記者，磨練他的觀察力和寫作技巧。海明威是個酷愛刺激、冒險的人，三歲即會釣魚、十歲即能打獵；他一直想投筆從戎，因一雙眼睛在練拳時被打傷，而無從披上征袍。但他設法當上了救護車駕駛兵，奔馳於第一次世界大戰義、奧邊界戰場，英勇受傷，獲頒勳章。喜歡鬥牛賽的海明威對西班牙具有特殊感情，三〇年代西班牙爆發內戰，他大力支持忠於共和政府的一群（Loyalist），以對抗叛徒佛朗哥，並四次前往西班牙助陣，其名著《戰地鐘聲》即以西班牙內戰為背景。

一生與革命、戰爭結下不解之緣的海明威，在二次大戰期間來到了中國，親自採訪日本侵華戰爭的實況。海明威不僅是舉世知名的小說家，更是第一流的戰地記者，他所寫的一次大戰、西班牙內戰和二次大戰東西戰場的報導，篇篇可讀，允稱傳世之作。

一九四一年春天，海明威偕其第三任妻子瑪莎．葛爾紅（Martha Gelhorn）抵達香港，準備前往中國實地採訪戰事，海明威在香港遇到了剛出版英文暢銷傳記《宋氏姊妹》（*The Soong Sisters*）的舊識項美麗（Emily Hahn）。

海明威以PM雜誌特派員身分訪華，其妻則是《柯利爾》（*Collier's*）雜誌特約記者。海明威當時雖已是享譽全球的大作家，但他的中國之行卻是由海明威的父親和叔叔的老朋友孔祥熙所安排。孔祥熙於一九〇一年前往俄亥俄州歐柏林（Oberlin）學院就讀，結識了海明威的叔叔韋羅比．海明威醫生（Dr. Willoughby Hemingway），海明威的父親克萊倫斯〔Clarence E. Hemingway〕亦是醫生），韋羅比不但行醫，而且還是公理會牧師。為人隨和圓融的孔祥熙與韋羅比成為好友，並為他取了一個中文名字韓明衛。在孔祥熙的鼓吹下，韓明衛於一九〇三年離鄉背井跑到偏僻落後的孔祥熙故鄉山西行醫傳教，先在通州學中國話，後至太谷公理會醫院任職，一待就是三十年，一九三二年（一說一九三三）卒於山西。孔祥熙在歐柏林學院讀書時，常到海明威家作客，與海明威一家頗熟。

海明威在香港拜訪了孔夫人宋藹齡。精明厲害的宋藹齡意識到海明威的知名度，馬上以「海明威採訪中國抗戰」為名向香港英文媒體發佈新聞，以爭取國際社會對中國孤軍抗日的關注與支持。權傾一時的國府行政院副院長兼財政部長兼中央銀行總裁孔祥熙，特派其部屬夏晉熊專程赴港，迎接海明威進入中國內地。

其時中央社曾報導海明威為搜羅小說題材而訪華，事實並非如此。海明威夫婦訪華的公開目的是為雜誌撰寫戰地報導，但美國政府卻賦予他們一項秘密任務：蒐集戰爭情報並密切觀察國民黨與中共的鬥爭政治。羅斯福總統的私人代表居里（Lauchlin Currie）在香港為他們做簡報，戰後證明居里是個蘇聯間諜。

一九四一年三月，海明威夫婦從香港到了韶關，坐摩托舢板船和騎馬，輾轉抵達前線，旅途備極艱辛。四月初到桂林，再搭乘孔祥熙指派的CD-3型專機飛至重慶，受到孔的熱烈歡迎，孔邀海明威夫婦宿其官邸。其時因宋子文正以蔣委員長特使身分駐節華府，重慶房子無人居住，海明威夫婦乃住宋宅。採訪中國戰事期間，海明威夫人對中國的落後、衛生設施和公共環境，大發怨言，認為已到「恐怖地步」；她在飽受蚊蟲、蒼蠅騷擾之餘，向海明威表示：「死掉算了！」海明威頗能逆來順受的海明威譏之以「太遲了，是你自己要來中國的！」海明威不但能忍受中國之髒亂、落後，且對中國之行頗為興奮，愛吃中國菜，在旅館房間裡面鞭炮放個不停。

海明威在重慶、成都、昆明和滇緬公路一帶活動，一面訪問國府軍政要員，到前線採訪，一面密會中共駐重慶首席代表周恩來，他說，周「能幹、有吸引力、聰明」。海明威獲悉十萬中國人以三個月時間用最原始的工具趕築一哩長、一百五十碼寬、地基厚達五呎，可供B-17重轟炸機升降的飛機場時，不禁大為感動，他說：「中國必能完成她想做的任何事情。」一九四一年四月十四日，包括中國記者協會和中美文化交流協會等單位在重慶嘉陵賓館為海明威夫婦舉行惜別晚宴，孔祥熙親臨主持，約三百人與會。

海明威替ＰＭ雜誌寫了一系列報導，分析中國抗戰局勢，主張美國積極援華，特別是空軍。不久，陳納德的飛虎隊即赴華助戰，使日機不再掌握空中優勢。海明威訪華時，美國仍未對日宣戰，但他預測日本一旦進攻菲律賓、荷屬東印度群島和馬來亞時，美國必會參戰。

一九四一年五月下旬，海明威夫婦一起到華府向海軍情報署簡報他們在中國所蒐集的情報，並向財政部長摩根索（Henry Morgenthau, Jr.）作口頭報告。熟諳軍事事務的海明威，向摩根索強調支持蔣介石抗戰的戰略重要性，他說蔣介石的兩百萬部隊能夠牽制日軍，延緩他們對東南亞和菲律賓的進攻。他建議美國少造兩艘戰艦，省下的經費用來支援中國，美國可獲一年的緩衝，從而建立西洋艦隊。

向摩根索作口頭報告後一個月，海明威又親筆寫了一份六頁的報告，交給摩氏，專事分析國民黨與中共的關係。他預言國共衝突必然會演變成內戰，除非雙方劃分勢力範圍。海明威稱，中共將會一面抗日，一面擴張控制區，蔣介石亦然，蔣並保留一支龐大部隊以作為日後對付共軍之用。海明威又說，國民黨政府在重慶允許中共享有一點「裝飾性」的自由，但在其他地區的中共分子和任何膽敢批評政府的自由派人士，常被壓制，甚至下獄。

海明威對戰時中國的採訪和觀察，極具慧眼，但終其一生從未以中國為小說題材，誠令人遺憾。海明威的作品常突顯掙扎與死亡，他生前屢以「在壓力下仍保持優雅風度」（grace under pressure）而自傲，然而在嚴重的慢性憂鬱症的壓力下，一代文豪卻於一九六一年七月二日在艾達荷州鄉間舉槍自戕，享年六十一歲（他的父親在五十七歲時亦以同樣手法結束其生命）。在麻州鱈魚角海邊度假的甘迺迪總統獲悉海明威自殺身亡的噩耗時，表示沉痛哀悼，並讚譽海明威是「美國最偉大的作家之一」，也是一個「偉大的世界公民」。

海明威盛年自殺之謎

一九六一年七月二日上午，聞名全球的美國作家海明威於愛達荷州小鎮基村（Ketchum）自宅飲彈自殺。噩耗傳出後，舉世震駭，總統甘迺迪發表聲明悼念這位「美國的偉大作家和世界公民」，這位即將在七月二十一日過六十二歲生日的小說家，用槍枝了結自己的生命，以實際行動印證了他在多部小說中所描述的暴力與無助的結局。

半個多世紀以來，海明威的作品、名聲與影響力不僅未隨歲月的奔馳而減弱，反而成為全球知名度最高的美國作家。他的小說改編成電影，在放映舊片的電視台不停地重播。他的經典小說《旭日依舊東升》（*The Sun Also Rises*，張愛玲譯為《太陽照樣上升》）、《戰地春夢》（*A Farewell to Arms*，張愛玲譯為《長辭武器》或《長辭懷抱》）、《戰地鐘聲》和《老人與海》（張愛玲和余光中皆曾出版中譯本）一直在書店和網絡上熱賣。愛讀書的高中生和大學生幾乎都讀過海明威，其熱度勝過其他得過諾貝爾文學獎的美國作家，如賽珍珠、辛克萊．路易士、福克納、史坦貝克以及和海明威同時代的費茲傑羅、托馬斯．伍爾夫等名家。

曾獲奧斯卡金像獎的美國導演伍迪．艾倫（Woody Allen）於二〇一一年推出以二〇年代巴黎藝文界為背景的時空倒置喜劇片《午夜巴黎》（*Midnight in Paris*），大受影評家稱賞，咸認是他近幾年來的佳作之一。這部由艾倫編劇兼執導的電影，其素材不少採自海明威死後所出版的回憶錄《流動的饗宴》（*A Moveable Feast*）。初出茅廬的海明威於二〇年代在巴黎結識了一批作家、詩人和畫家，影響他至深且鉅。海明威嘗言：「如果你夠幸運，在年輕時待過巴黎，那麼巴黎將永遠跟著你，因為巴黎是一席流動的饗宴。」

曾獲一九五三年普立茲小說獎和一九五四年諾貝爾文學獎的海明威，為什麼突然厭世、為什麼舉槍自盡、為什麼還在盛年的時候告別人間？五十多年來，無數的海明威專家試圖解答這個謎團。最可信的說法是海明威家族具有自殺遺傳基因，這些致命基因是由嚴重的躁狂和抑鬱交替症、精神分裂症以及酗酒症所組成，而導致海明威家族四代五人自殺。海明威的醫生父親克萊倫斯・艾德蒙茲・海明威在五十七歲時（一九二八年）用一枝祖先傳下來的南北戰爭古董槍自殺；海明威的妹妹烏蘇拉六十四歲時（一九六六）服毒自殺；弟弟雷斯特六十七歲時（一九八二）自戕；海明威的孫女馬柯絲四十二歲時（一九九六）服毒自殺，她的父親是海明威的長子傑克（Jack），七、八〇年代做時裝模特兒和演員，結過兩次婚，其妹瑪莉亞（Mariel）亦為演員。海明威的第三任妻子、名記者瑪莎・葛爾紅於一九九八年因久病和失明而在倫敦自盡，終年八十九。

海明威一家充滿了悲劇和苦痛。他一生結婚四次，和大他八歲的元配哈德琳・李察遜（Hadley Richardson，一九七九年卒，終年八十七歲）生了一個兒子，即長子傑克（原名為John H. N.

Hemingway，二〇〇〇年死於紐約市，終年七十七歲）；與大他四歲的第二任妻子寶琳・費佛（一九五一年五十六歲卒）生了兩個兒子，老二派屈克（一九二八年生，現仍健在）、老三葛萊格利（Gregory，一九三一年生）。葛萊格利是海明威家族中最奇特、最不快樂的人，他結過四次婚，生了八個孩子，但他一直想做女人。他本身是醫生，因有嚴重酗酒症、吸毒和精神分裂症，蒙大拿州於一九八八年吊銷其醫生執照。他於一九九五年進行變性手術，終於實現做女人的願望，並將名字從葛萊格利改為葛樂麗雅（Gloria）。在變性前，曾於一九七六年出版回憶錄《爸爸》（*Papa*），請名作家諾曼・梅勒（Norman Mailer）撰序，書裡大吐苦水，大曝他和父親的不睦與對抗。他的女兒蘿莉安（Lorian）亦在一九九九年出版回憶錄《走在水上》（*Walk on Water*），談其父在性別認同上的掙扎。葛樂麗雅於二〇〇一年因在佛羅里達公眾場所脫衣暴露身體而被捕，在監獄中死亡，終年六十九歲。

海明威於一九六一年七月二日上午七時三十分左右在其愛達荷州基村自宅，挑選一枝他最喜歡的長槍，用嘴含槍口的方式開槍自殺，打破腦袋。他的第四任妻子瑪麗（Mary，一九八六年七十八歲卒）聽到槍聲後趕至現場。十五分鐘後救護車來到。因海明威名氣太大，法醫接受瑪麗的說法，聲稱作家是在清潔槍枝時不慎走火。七月三日的《紐約時報》頭版亦以瑪麗的說法為標題。五年後，瑪麗始公開承認海明威是飲彈自殺。她亦曾向友人後悔她為什麼沒有把存放槍枝的地下室鎖起來？因海明威在死前兩三年精神狀態已明顯走下坡，身體亦不好，高血壓多年，住院多次，亦曾接受電療以提振精神。有些專家說，電療（又稱電休克療法）過多而使海明威精神更脆弱。

海明威的躁鬱症和疑心病在六〇年代初即頗嚴重，在餐館吃飯時，隔鄰銀行燈亮，他懷疑是聯邦調查局幹員在查他的帳目。一九六〇年九月從西班牙返美後，他懷疑聯調局幹員跟蹤他；十一月住進有名的明尼蘇達州羅徹斯特市梅約診所（Mayo Clinic），一面醫治高血壓和眼疾，一面接受電療。

另一種說法是熱愛古巴的海明威在古巴首都哈瓦那附近擁有一座寬敞而又舒適的豪宅「眺望農莊」（Finca Vigia），但在五〇年代末、六〇年代初卡斯楚領導的游擊隊推翻親美的巴蒂斯達（Batista）政權後，古巴與美國關係變壞。據海明威的秘書瓦蕾莉（Valerie）透露，一九六〇年的一個晚上，美國（艾森豪時代）駐古巴大使波塞爾（Philip Bonsall）跑到眺望農莊拜訪海明威，希望他「發揮愛國精神」，公開宣佈放棄他曾寫過七本小說（包括《老人與海》）的古巴住所，遭海明威拒絕。海明威從三〇年代開始即常住在古巴和佛羅里達沿海的基威斯特（Key West，又譯西礁或西匙島），他曾說他是古巴人，並曾向《紐約時報》記者表示「很高興」卡斯楚革命成功。

海明威和卡斯楚僅見過一次面，那是在一九六〇年五月，海明威主辦釣魚比賽，卡斯楚奪魁。但在卡氏宣佈將沒收美國人的財產後，海明威與瑪麗於一九六〇年七月離開他視為第二故鄉的古巴，傷心欲絕，而情緒低落，終走向自殺之路。哈瓦那的海明威故居多年失修和乏人照顧，古巴政府過去幾年加以全部翻修（海明威留下六千本藏書），成了哈瓦那最熱鬧的觀光景點。瓦蕾莉四年前重訪眺望農莊，古巴人認真向她請教當年的擺設，以供復原之用。瓦蕾莉曾嫁給海明威的幼子葛萊格利（即變性者），生了三個孩子，一九八七年離婚。

海明威於一八九九年七月二十一日生於伊利諾州橡園鎮（Oak Park），有六個兄弟姊妹，排行第二。讀中學時即愛寫作，亦善於運動，高中畢業即當記者，一九一八年第一次世界大戰期間，響應紅十字會徵召跑到義大利當救護車司機，遭砲擊而受重傷。療傷時，遇到大他七歲的護士艾格妮絲．馮．庫洛斯基（Agnes von Kurowsky），兩個人即墜入情網，但在論及婚嫁時，艾格妮絲突與一名義大利軍官訂婚，還不滿二十歲的海明威大受打擊。

一些傳記作家認為這次失戀對海明威一生投下永遠揮之不去的陰影，並使他對愛情和婚姻不忠（前兩任妻子年齡都比他大）。海明威傷癒返美後在多倫多和芝加哥做記者，作家雪伍德．安德遜（Sherwood Anderson）建議海明威和他的女友哈德琳．李察遜去巴黎拓開眼界。他們在一九二一年九月結婚，兩個月後海明威以《多倫多星報》記者身分首途巴黎。

海明威經由安德遜的介紹，認識了旅居巴黎的美國女作家葛楚德．史坦因（Gertrude Stein）。身體肥胖的史坦因是女同性戀，和她的情人愛麗絲．托古拉斯（Alice B. Toklas）同居之處，變成旅居花都的文人與藝術家的沙龍，他們包括詩人龐德和艾略特、作家喬伊斯（James Joyce），畫家畢卡索、馬蒂斯和達利，以及《大亨小傳》（*The Great Gatsby*）作者費茲傑羅及其妻子等一時俊秀。海明威和他們做朋友、喝酒、吵架又和好，對他的文學創作生涯起到了塑造作用。史坦因把這一群流落巴黎的文人稱為「失落的一代」。海明威亦常在「莎士比亞書店」買書與借書，特別是借閱俄國作家的作品。

海明威稱巴黎是個「流動的饗宴」，但他自己更是個不斷流動的作家，他在三〇年代採訪西班牙內戰，四〇年代初和第三任妻子葛爾紅採訪中國抗日。海明威的第四任妻子瑪麗把海明威的全部手稿和遺物捐給麻州甘迺迪總統圖書館。

海明威寫作速度慢，但極細心，喜歡改稿，《戰地春夢》最後一頁重寫三十九次，《老人與海》原稿重看兩百多次始定稿。張愛玲翻譯的美國文學評論家楊格所寫的〈論海明威〉一文中說：「最被人模仿的是海明威的散文風格……他的散文容易辨認。它大致是口語，主要特點是竭力簡化辭彙與語句的構造。往往只用短而普通的字，用得極經濟，又用得異樣地新鮮。」楊格亦說，暴力是海明威作品的核心。從鬥牛、打獵、拳擊到戰爭，海明威筆下的人生就是一場永無休止的戰鬥，而他所強調的是「人不是為失敗而生」、「一個男子漢可以被毀滅，但不能被打敗」。

好勇鬥狠的作家諾曼・梅勒

在過去半世紀的美國文壇，諾曼・梅勒（Norman Mailer）是一位最具爭論性的作家。他創始了「非小說的小說」（nonfictional novel）的寫作方式，影響深遠；他出版過三十九本小說和非小說，獲得兩次普立茲獎和一次國家書卷獎。但他的率性作風、挑釁言語、熱衷政治和愛出風頭的行徑，卻掩蓋了他在文學上的成就，而使他「名滿天下，謗亦隨之」。

紐約猶太裔出身的梅勒，二〇〇七年十一月十日因腎臟衰竭病逝曼哈頓，終年八十四。梅勒一生多彩多姿，十六歲就進哈佛大學攻讀航空工程，但因志趣不合，大二即改讀文學，開始大量閱讀古典與當代名著，並下定決心要成為一個偉大的作家。二十五歲那年（一九四八），梅勒根據他在二戰當兵的經驗，寫了一本自傳性的小說《裸者與死者》（*The Naked and the Dead*），大獲好評，三個月內賣了二十萬本，在當時是一項奇蹟。

《裸者與死者》一書為梅勒打出了知名度，亦為他在文壇上和社交圈裡開闢了新天地。梅勒除了寫小說，亦酷愛撰寫政治、文化與社會評論，他在一九五五年和另外兩位朋友一起在紐約格林威治村創辦《村聲》（*The Village Voice*）週刊。《村聲》這兩個字是梅勒想出來的，這份另類報紙曾經走過一段輝煌的歲月，二十世紀七〇年代中期獨家揭發了台灣政府在美國各大學佈置職業學生、進行「校園間諜」的醜聞，震撼太平洋兩岸。近二十年來，屬於小眾媒體的《村聲》銷量銳減，讀者群大量流失，竟出現找不到總編輯的現象。

從五〇年代至六〇年代中，梅勒出版了幾本小說和評論集，但缺乏膾炙人口之作，他在這段期間沉溺於酒精、毒品和女人。一九六〇年十一月的一個夜晚，梅勒和第二任妻子參加一個派對，喝醉的梅勒用刀捅他的妻子。受重傷的妻子未控告他傷害，司法當局亦未檢控他。梅勒一生結過六次婚，有九個兒女（其中一個為收養）、數不盡的情婦和女友。梅勒本人喜出口傷人，又好勇鬥狠，常在酒會上和別人衝突、打架。

不甘寂寞而又好發議論的梅勒，一九六〇年以獨立派人士競選紐約市長，慘敗而退。一九六九年又和著名專欄作家吉米・布雷斯林（Jimmy Breslin）聯手角逐紐約市長，政見只有兩條：紐約市應成為美國第五十一州，所有車輛禁止進入紐約市。他們到布魯克林學院發表演說時，一名學生詢問梅勒說：「皇后區去年大雪，雪堆無人剷除，如果今年又碰到大雪，你該怎麼辦？」梅勒不慌不忙地笑著回答說：「先生，我會在雪堆上小便！」胡鬧式的競選，紐約選民只當笑話看，梅勒又慘遭滑鐵盧。

六〇年代充滿激情的歲月，反越戰和黑人爭民權運動點綴了美國街頭與大學校園。一九六七年反越戰人潮聚集華府「向五角大廈進軍」。梅勒親身參與此次遊行，並在《哈潑》（*Harper's*）

和《評論》（*Commentary*）雜誌上寫報導。一九六八年梅勒以示威經驗為題材寫了一部「非小說的小說」，書名叫《夜幕大軍》（*The Armies of the Night*）。這本書獲普立茲獎及國家書卷獎。所謂「非小說的小說」，意指作者使用的基本素材是真實的、親自採訪得來，但配上了虛擬的對話、情節與場景。梅勒、湯姆．伍爾夫（Tom Wolfe）、杭特．湯普遜（Hunter Thompson）和楚門．卡波提（Truman Capote）等作家都是「非小說的小說」創始人；而在媒體世界裡，「非小說的小說」又被稱為「新新聞」（new journalism）。梅勒等人開創了寫作界和媒體的新風氣與新潮流，影響至深且遠。

梅勒於一九七九年又推出「非小說的小說」：《劊子手之歌》（*The Executioner's Song*），敘述猶他州死刑犯蓋瑞．吉摩爾（Gary Gilmore）被處決的原委，這本書使梅勒獲得第二次普立茲獎。梅勒寫作範圍極廣，題材包羅萬象，他寫畢卡索、瑪麗蓮．夢露、希特勒；他寫反戰運動、共和與民主黨大會；他寫政治、社會與文化評論以及人物傳記。梅勒一生寫作不輟，晚年雖健康日走下坡，仍不忘提筆（梅勒不會打字），二〇〇七年年初才出版以希特勒童年為背景的小說《森林中的城堡》（*Castle in the Forest*）；同年十月十六日又推出《論上帝：一場不尋常的對話》（*On God: An Uncommon Conversation*），本書是根據梅勒當年和「披頭四」歌手約翰．藍儂的對話而編成。

梅勒是個反對婦女解放運動和女性主義的男性自大主義者，他的反女性立場，衍生出「男性沙文主義的豬」（male chauvinist pig，又稱「沙豬」）這個字眼。梅勒雖到處留情，對女性欠尊重，但他的九個子女皆一致認為他是個好父親。

哥倫比亞大學一名文學教授稱頌梅勒是「來自布魯克林的拜倫爵士」。美國思想界和文化界素有「紐約知識分子」（New York Intellectuals）此一名詞，他們是指二十世紀三〇年代開始成名並具有影響力的一群猶太裔學者、教授、作家與新聞工作者，梅勒自然屬於這一群。一般而論，這批猶太知識分子分成自由與保守兩派，互相批判；七〇年代一批自由派猶太知識分子脫離門戶，自創品牌，所謂「新保守主義」乃應運而生。二〇〇一年一月美國總統布希上台後，新保守主義主宰了美國對外政策。梅勒在過去六年痛批布希和新保守派不遺餘力，他說在電視上看到布希講出一堆文法不對、發音不準、用詞不當的「屁話」，簡直是褻瀆英文！

當年猶太知識分子在美國社會和學界飽受歧視和排擠，許多人不得不把猶太味頗濃的姓氏改成盎格魯撒克遜式的姓，一名紐約知識分子有感而發地說：「從布魯克林到曼哈頓是世界上最漫長的一段旅程。」這句話的意思是說，猶太知識分子要想打入美國主流社會和主流文化是一段艱辛的奮鬥過程，阻力極大。然而，數十年來，猶太知識分子已成為美國學術、文化、藝術與影劇界的重鎮，梅勒即是一例。

梅勒是五十年來美國的文壇祭酒兼文壇霸主，他離開哈佛時曾矢志要成為和托爾斯泰、杜思妥也夫斯基齊名的世界級大作家，但他很早即放棄了這個念頭。他是自負的人，他說和他同時代的作家（如貝婁Saul Bellow及其他少數人）雖都比不上福克納與海明威，但至少是重量級作家。

今天，在大學校園、在酒吧以及在知識分子的聚會中，梅勒的著作和他的私生活仍是熱門的話題，他永遠活在大家的心中。

遺世而獨立的麥田捕手沙林傑

美國文壇隱士怪傑沙林傑（J. D. Salinger，J. D. 是 Jerome David 縮寫）二〇一〇年一月二十七日病逝於美國東北部新罕布什爾州科尼希（Cornish, N. H.）小鎮，享年九十一歲，他剛在一月一日度過九十一歲生日。

五〇年代即「遺世而獨立」的沙林傑，以兩件事情而留名美國文學史。一是在一九五一年出版經典小說作品《麥田捕手》（*The Catcher in the Rye*，又譯《麥田裡的守望者》），影響一代又一代的年輕讀者，書中十七歲的叛逆男主角霍爾頓．柯菲爾（Holden Caulfield）成為美國青少年的永恒偶像。這本小說迄今已賣了六千五百萬冊，現每年仍售出二十五萬本，是美國高中學生的課程指定讀物。另一件事為沙林傑於一九五三年即遠離他所居住的紐約曼哈頓而奔赴人煙稀少的新罕布什爾州科尼希九十英畝的山林之地，從此過著離群索居的生活，不問世事，不接受任何採訪。他的特立獨行和與世隔絕的行徑，更助長了他的神秘性與傳奇色彩，而讀者和世界文壇對他的好奇心，五十多年來從未稍歇。二〇〇九年還有一位瑞典作家寫了一本《麥田捕手》的續篇，使他大動肝火，興訟於庭，要求法院制止該書在美出版。

沙林傑一九一九年生於紐約哈林區，父親是猶太裔，母親則為出生於蘇格蘭的愛爾蘭人。沙林傑有個姊姊朵麗絲（Doris），多年來一直是紐約著名的布魯明黛爾（Bloomingdale's）百貨公司時裝部採購經理，二〇〇一年去世。沙林傑的父親經營乳酪與火腿生意，事業發達即移至曼哈頓上西城，後再搬到公園大道高級區。沙林傑從小即愛寫作，也有寫作的天分，但不是一個用功讀書的好學生。初中就讀曼哈頓上西城一所奉行進步教育的麥伯尼學校（McBurney School），讀了兩年即因功課太爛而被退學，那時他才十五歲。他只好轉學到賓州佛奇谷（Valley Forge）軍校，這是一所注重管理、紀律與學習的軍事化高中，畢業後可升大學或上正規軍校。沙林傑在校三年，當過學生刊物主編和西洋劍社教練，他後來在《麥田捕手》中描述霍爾頓就讀的潘西大學預校（Pencey Prep，一所菁英高中），即以佛奇谷軍校為本。

沙林傑於一九三七年在私立紐約大學（NYU）讀了幾個禮拜即輟學，偕父親到奧地利、波蘭學做火腿生意，但他根本不是做那一行的材料。只好到賓州烏辛納斯（Ursinus）學院混了一段時間，他曾向同學誇下海口說他要寫一本偉大的美國小說。沙林傑真正浸潤的大學教育和文學訓練是在一九三九年的紐約哥倫比亞大學夜間部，他碰到了一個好老師，他開始寫一些短篇故事，向《君子》（*Esquire*，又譯《老爺》）、《柯利爾》（*Collier's*）和《星期六晚郵報雜誌》投稿。到了一九四一年，美國作家最憧憬的《紐約客》雜誌一連拒絕他的七篇短篇故事後，終於在年底接受他的一篇創作。不幸的是，由於日本發動珍珠港事變，那篇描寫一位高中生逃學的故事被雜誌主編認為「不適宜在此時刊登」，而拖至戰後一九四六年始面世。沙林傑即根據那篇創作擴大、加料改寫成《麥田捕手》。沙林傑在戰前戰後常投稿《紐約客》，亦常被退稿，但他和該雜誌脾氣古怪的主編威廉・蕭恩（William Shawn）卻成為好友。

二戰爆發後，沙林傑服役於第四步兵師第十二步兵團反情報活動小組，因他能說流利法語和德語，即擔任審問戰俘工作。他不但親歷諾曼第登陸及其後著名的凸部戰役（the Battle of Bulge），尤令他難忘的是他在巴黎結識了他所仰慕的名作家海明威。沙林傑對海明威的友善、謙虛，留下了深刻印象；海明威看了他的作品後，認為他「極有才華」。沙林傑在戰後從事「去納粹化」任務而身心俱疲，曾因「戰鬥疲勞」（即精神崩潰）而住院一段時間。

沙林傑雖從三十四歲後以「隱士」出名，但他一生都頗有「女人緣」，風流韻事不斷，即使隱居逾半世紀，還是照樣傳出緋聞。他在一九四一年與名劇作家尤金・奧尼爾（Eugene O'Neill）的女兒歐娜（Oona）談戀愛，後來歐娜嫁給了諧星卓別林。一九四六年，沙林傑與英國藝術評論家羅伯特・道格拉斯（Robert Langton Douglas）的女兒柯萊兒（Claire）相戀，其時十九歲的柯萊兒在麻州劍橋瑞德克莉芙學院（Radcliffe，俗稱哈佛女校）讀大二，兩年後柯萊兒還差四個月即畢業，但沙林傑硬要她退學和他結婚。他們生了一個女兒瑪格麗特和一個兒子馬修。

一九六六年，柯萊兒訴請離婚。瑪格麗特於二〇〇〇年出版回憶錄《夢幻捕手》（*Dream Catcher*），大爆其父隱私，說他是個「怪胎」，喝自己的尿，虐待妻子，每天在一個盒子裡打坐數小時，飲食習慣怪異；篤信禪宗、印度教、基督科學教、科學論派（Scientology）和針灸。但馬修則公開駁斥其姊「胡說八道」、「心理不正常」，出書目的只是為了錢。

瑪格麗特揭發其父黑暗面的書，並非第一本。早在一九九八年，一位名叫喬伊絲・梅納德（Joyce Maynard）的女子，推出了一本敘述她和沙林傑同居十個月的內幕書。梅納德讀耶魯大學一年級時，在《紐約時報星期雜誌》（*The New York Times Magazine*）寫了一篇〈一個十八歲的人回憶人生〉（An Eighteen Year Old Looks Back on Life），沙林傑很欣賞，即約她見面，一九七三年同居了十個月即分手。梅納德透露，沙林傑對任何事都要發號施令，連性愛也要當指揮官；極怕死，自己有一套奇特的養生之道，早餐吃解凍的青豆，晚飯吃半熟的羊肉漢堡。他在八〇年代初曾和女星伊蓮・喬伊絲（Elaine Joyce）相戀，八〇年代末則與小他數十歲的護士柯琳・歐尼爾（Colleen O'Neill）結婚。

一九五〇年的一天，沙林傑到紐約哈科特（Harcourt）出版社拜訪了一位小編輯羅伯特・吉樂士（Robert Giroux）。沙林傑說是《紐約客》主編蕭恩介紹他來出書，吉樂士問他要出什麼書？沙林傑說是一本小說，但還沒寫完。吉樂士心想既然是蕭恩介紹的，肯定不錯，即與沙林傑握手一言為定。一年後，沙林傑帶著《麥田捕手》手稿找吉樂士。吉氏把稿件呈給出版社總編輯尤金・雷納（Eugene Reynal）審核，雷納看了之後說他不喜歡這本書。又交給教科書部門主編看，他們看到逃學、不滿現實和一堆粗話、髒話，更不喜歡，決定退稿。吉氏硬著頭皮轉告，沙林傑說：「沒關係，作家總會碰到這種事，但沒想到竟發生在我身上。」沙林傑只好交給利特・布朗（Little, Brown）出版社出版。哈科特出版社就這樣錯失了一本經典小說和賺大錢的機會。

《麥田捕手》中的霍爾頓在十七歲那年被學校開除，一個人跑到紐約閒逛了幾天，甚至找妓女。霍爾頓不滿現實、憤世嫉俗，他恨透成人世界的虛偽，但他無能為力，更無力回天。沙林傑以平鋪直敘的手法和簡潔易懂的語言寫活了離經叛道的霍爾頓；寫出他內心的痛苦、疏離、矛盾和叛逆；以傳神的筆調刻劃了霍爾頓和其他千千萬萬美國青少年的成長過程。一代又一代的美國青少年讀者在霍爾頓身上看到了自己，也看到了永遠年輕（forever young）的霍爾頓以及永遠困惑、迷惘的青少年時代。霍爾頓雖有反叛性格，卻很疼愛妹妹菲比（Phoebe），他們兄妹的一段對白點出了全書的主題和霍爾頓的願望，他說：「我總是會想像有那麼一群小孩子在一大片麥田裡玩遊戲。成千上萬個小孩子，附近沒有一個人——沒有一個大人，我是說——除了我。我呢，就站在那混帳懸崖邊。我的職務是在那裡守備，要是有哪個孩子往懸崖邊跑來，我就把他抓住——我是說孩子們都在狂奔，也不知道自己是在往哪兒跑，我得從什麼地方出來，把他們抓住。我從早到晚就做這件事，我只想當個麥田捕手。」

《麥田捕手》出版後，曾屢遭教育當局、教會與衛道人士的抗議和抵制，甚至迫使圖書館下架。沙林傑說他的寫作受到托爾斯泰、契訶夫、卡夫卡、福婁拜、海明威和費茲傑羅等作家的影響，在《麥田捕手》裡，讀者也可嗅到馬克・吐溫的味道，尤其是那個「頑童」哈克伯利・費恩（Huckleberry Finn）。自承受到沙林傑影響的作家有約翰・厄普代克（John Updike）、哈洛・

布洛基（Harold Brodkey）、菲利普・羅斯（Philip Roth）和日本的村上春樹。

導演比利・懷德（Billy Wilder, 1906-2002）和史蒂芬・史匹柏及製片家哈維・溫斯汀（Harvey Weinstein）都想拍《麥田捕手》，但都被峻拒。五〇年代紅遍一時的諧星傑利・路易士（Jerry Lewis）一直想演霍爾頓而未果。與沙林傑同居十月的梅納德說，只有一個人能演霍爾頓，那就是沙林傑自己！

在《麥田捕手》之後，沙林傑於一九五三年出版《九個故事》（*Nine Stories*）；一九六一年《時代》周刊曾以他為封面人物；一九六一年及一九六三年分別出版《Franny and Zooey》和《Raise High the Roof Beam》；最後一部公開印行的作品是《紐約客》於一九六五年六月十九日以全本雜誌刊登二萬五千字的〈Hapworth 16, 1924〉，文評界對這篇作品的反應頗為負面。從此文壇即再也看不到沙林傑的作品。不少作家要為他寫傳，全遭他拒絕。三十三歲的瑞典幽默作家腓特列克・柯定（Fredrik Colting），二〇〇九年以 J. D. 加利福尼亞作筆名，寫了一本《六十年後：穿越麥田》（*60 Years Later: Coming through the Rye*），以諷刺、搞笑的方式描寫年老的「C先生」（即霍爾頓）逃出養老院，妹妹菲比吸毒過量致死。經沙林傑的律師興訟後，紐約聯邦地區法院法官於二〇〇九年夏天裁定該書不得在美國出版。

《麥田捕手》的影響是無與倫比的。一九八〇年在曼哈頓刺殺「披頭四」歌手約翰・藍儂的兇手柴普曼（Mark David Chapman）宣稱，他殺藍儂的動機可以在小說中找到。

台灣在五、六〇年代曾掀起過閱讀《麥田捕手》的熱潮，當時頗見影響力的《文星》雜誌曾以沙林傑為封面人物。麥田出版社於二〇〇七年重新包裝推出，賣了三萬冊。中國大陸遲至一九八三年始引進，那一年同時由譯林出版社和漓江出版社出版、施咸榮翻譯的《麥田裡的守望者》。一九九八年，譯林再次出書，二〇〇七年三度重印。幾個大陸青年歌手於一九九二年組成「麥田守望者樂隊」。

《麥田捕手》對現代青少年的影響力也許已經急遽式微，不像以前那樣顯而易見，《紐約時報》二〇〇九年六月刊出一篇抽樣訪問全美幾個中學英文老師和高中生的報導，他們一致表示霍爾頓的時代過去了，他們不再認為他是英雄，更非偶像。霍爾頓的位子已被哈利．波特（Harry Potter）和其他新世紀代言人取代了。

沙林傑為何在盛名初起時即歸隱田園？有人說他患了文思阻塞症（Writer's Block），有人說他蓄意以隱退換取大名，有人說他精神不正常。他在漫長的隱居期間到底有沒有寫作？他的女兒說他寫作不輟，可能留下十五部小說，現鎖在保險櫃裡。是耶非耶，時間總是會證明一切。就像時間已經證明沙林傑是偉大的美國原創作家，《麥田捕手》是不朽的美國小說。

回到梅岡城後的哈珀・李

半個多世紀以來，美國最有名、影響力最大、高中指定課外讀物的小說《梅岡城故事》（*To Kill a Mockingbird*，或譯《殺死一隻知更鳥》）女作者哈珀・李（Harper Lee）一直和她的姊姊（二〇一四年十一月以一百零四歲高齡去世）在阿拉巴馬州鄉下過著隱居生活，拒絕媒體採訪，亦甚少外出上館子。李亦未再出版第二部作品。

但在二〇一五年上半年卻一連爆出震撼美國社會和文壇的大事。首先是在二月初突然傳出發現哈珀・李的第二本小說，將於七月面世，這本小說的書名為《設置守望者》（*Go Set a Watchman*），是寫《梅岡城故事》的六歲女主角史考特（Scout）長大後（二十多歲）從紐約返回阿拉巴馬州梅岡城（Maycomb），照顧其七十多歲律師父親阿提卡斯・馮奇（Atticus Finch）的故事。在《梅岡城故事》中，阿提卡斯・馮奇是個高尚、公正、廉潔而又令人景仰的南方白人律師，在險惡的環境中為無辜的黑人辯護，關懷弱勢民族的福祉。已銷售四千萬冊的《梅岡城故事》，以及根據這本小說改編成的電影，使無數年輕人下定決心投考法學院，立志成為阿提卡斯・馮奇第二，以伸張正義。

令人震驚的是，《紐約時報》在《設置守望者》於二〇一五年七月十四日正式出版前夕，由該報首席書評家、日裔角谷美智子（Michiko Kakutani）執筆的書評透露，馮奇在新書中已變成一個歧視黑人、同情三K黨的種族主義者，和《梅岡城故事》中的馮奇判若兩人，完全不同。《設置守望者》的時代背景是民權運動開始興起的五〇年代，在阿拉巴馬州白人種族主義者州長喬治・華萊士（George Wallace）的大力推動下，排斥黑人進大學，並高喊「現在種族隔離、明天種族隔離、永遠種族隔離」的口號。南方黑人則在民權運動領袖馬丁・路德・金恩牧師和其他黑人領袖的領導下，奮起抗爭。

時代越向前走，馮奇的思想卻越倒退，他大罵女兒珍・路易絲・馮奇（Jean Louise Finch，即史考特）說：「你希望一車又一車的黑人跑到我們的學校、教會和戲院嗎？你要他們跑到我們的世界來嗎？」馮奇大聲反對最高法院在五〇年代通過的黑白合校判案，他說高院不應干涉我們這個州。

書評界陸續披露《設置守望者》的內容後，震撼全美讀書界，大家都沒想到哈珀・李竟用這種令人心碎的方式鋪陳小說，代表正直與公正的人道主義者馮奇為什麼變成一個令人厭惡的種族主義者？

把馮奇這個角色演得有血有肉有靈魂的巨星葛雷哥萊・畢克（Gregory Peck）獲得一九六三年奧斯卡最佳男主角獎。哈珀・李很滿意這部電影，她把父親的懷錶送給男主角葛雷哥萊・畢克，可惜懷錶在倫敦機場被偷走了。不少人向媒體表示，他們事先知道《設置守望者》的內容後，決定拒絕看這本小說，並開始懷疑《梅岡城故事》的可靠性和真實性。

有些政治學和歷史學學者則認為，作者哈珀．李其實是反映時代的變遷以及南方白人面對時代變局所採取的抗拒態度。讀者所無法接受的是，馮奇是他們心目中的英雄，是個幾乎無懈可擊（flawless）的正義之士，為什麼在垂老之際卻淪為一個參加暴力種族仇恨組織三K黨集會的律師，一個恐懼黑人翻身（或「出頭天」）的頑固分子？小說的敘述人（亦即女主角史考特）在紐約深受種族平等主義與大熔爐思想陶冶，回到南方後卻發現一切都像過去一樣沒有進步，只有倒退，連她的父親和男友都變成仇視黑人的種族主義者。史考特自己在這種閉鎖的環境中，亦日益感到混淆、不解和迷惘。她自己也害怕和她的父親一樣，變成一個與時代脫節的種族主義者。

事實上，哈珀．李在五〇年代先寫好《設置守望者》，她的編輯在一九五七年夏天看完初稿後，囑咐她重寫，先寫史考特小時候的種種遭遇、成長的過程、所目睹的父親挺身為無辜黑人辯護的經過。哈珀．李花了兩年時間改寫，寫出來的作品就是《梅岡城故事》，而把《設置守望者》放在一邊，一放就是半個多世紀。五十多年來，哈珀．李一再嘗試寫新作品，但始終徒勞無功，沒有任何作品面世，有人說她患了「文思阻塞症」，一患就是數十年，每天只能「望空白稿紙而興嘆」，而無法從打字機或筆尖裡冒出新作品，一日復一日，一年復一年，李自己亦變成一個不問世事、不食人間煙火的「隱士」。二〇一六年二月噩耗傳來，八十九歲的李辭世了！

在美國文壇，像哈珀．李這樣「結廬在人境，而無車馬喧」的隱士作家並不多見，其中最有名的是以五〇年代的一部《麥田捕手》而享譽文壇的沙林傑。但在沙林傑漫長的隱居生活中，仍傳出與女紛絲的緋聞。

角谷美智子指出，哈珀．李對老邁的阿提卡斯．馮奇的描述，使《設置守望者》令人看了「很不舒服」，也使讀者對當年教導女兒如何同情黑人、如何抱持慈悲心腸和正義感的馮奇大惑不解，甚至連史考特自己亦深感惶恐、納悶、徬徨和痛苦。

儘管馮奇在《設置守望者》中的思想、態度及性情和年輕時大不相同。從一個公正、慈祥、寬容的白人律師變成一個心胸狹窄、仇視黑人的種族歧視分子，使萬千讀者不僅大失所望，甚至傷心欲絕。其實，哈珀．李不僅真實地反映了一個時代，亦寫出了一個歷史事實，那就是美國南方白人社會種族主義是根深蒂固的、源遠流長的，存在於白人的血液中。二〇一五年六月，在南卡羅萊那州查爾斯頓黑人教會爆發的一名白人青年屠戮九名查經班黑人教徒（包括牧師）的例子，即證明南方白人仇視黑人是具有遺傳性的，是存在於南方白人的歷史基因裡的。

阿提卡斯．馮奇年輕和壯年時是個黑白平等的理想主義者，及其老也，即退化成一個種族主義者。美國詩人羅伯特．佛洛斯特（Robert Frost）說他年輕時不敢做一個激進派，怕年老時會變成一個保守派。馮奇就是一個例子，一個令人相當不舒服的思想倒退者。哈珀．李打碎了萬千讀者心目中道德英雄的形象，使他們心碎、茫然和憤怒，小說之影響力真是無窮啊！

黑人作家哈利的傳世之作

一八五二年，史陀夫人（Harriet Elizabeth Beecher Stowe）出版的《湯姆叔叔的木屋》（*Uncle Tom's Cabin* 舊譯《黑奴籲天錄》），引發了南北戰爭與黑奴的大解放；一九七六年，艾利克斯．哈利（Alex Haley）撰寫的《根》，則導致了美國人民（不分黑白）尋根認祖的大熱潮。

從《湯姆叔叔的木屋》到《根》，一百二十四年間，黑人作家與作品雖不斷湧現，但在美國文學中只能靠邊站或勉強納入南方文學而形成一股小支流，一個不受重視且未能融入主流的孤獨文學。文學作品的境遇如此多舛，黑人本身的命運亦坎坷多艱，南北戰爭的炮火解放了黑奴，但並未賦予他們應有的權利和尊嚴，黑人仍不得不在隔離與歧視下苦撐待變。

民權領袖金恩牧師在五〇年代和六〇年代的登高一呼，「雖千萬人，吾往矣」的大智大勇，喚醒了黑人的「危機意識」，帶動了內戰結束以來最壯觀的群眾運動。詹森總統於一九六四年簽署的《民權法案》、一九六五年制訂的《投票權法案》，使黑人獲得了權利保障和政治人格。

然而，千千萬萬的黑人仍在社會不公平、經濟不平等中掙扎。他們在挫折裡無所適從，在沮喪中看不到遠景，在徬徨中聽天由命。他們迫切需要的是肯定自己、追索靈魂，他們必須先了解自己、建立信心，以自己的種族、文化和膚色為榮，「黑就是美」。唯有這樣，他們才能挺胸闊步，不以奴隸祖先為恥，但也不能有愧於自己與後世子孫。

就在這種大氣候下，哈利推出了震撼性的大書：《根：一個美國家庭的傳奇》（*Roots: The Saga of an American Family*）。哈利在出版《根》之前，曾寫了一本頗獲好評的《莫康．X自傳》（*The Autobiography of Malcolm X*），莫康．X為六〇年代初期著名的黑人民族主義者，激進但富理想，頗具領袖魅力，他不屑於使用白人的姓，故以X為姓。一九六五年在紐約哈林區遭暗殺殞命。

哈利在寫作《莫康．X自傳》時，即開始蒐集材料，為《根》作準備工作。他在田納西故鄉和南方一帶進行口述歷史，在各地檔案館找尋資料，數度遠赴非洲探訪老祖宗的發祥地。他追蹤自己的家世，從紐約州綺色佳、田納西州亨寧小村、北卡州莊園，直追到非洲甘比亞。他「創造」了一個名叫肯達．金德（Kunta Kinte）的祖先，敘述這個家族如何在十八世紀從黑暗大陸渡海到新大陸，但又投身到另一個黑暗世界——做了白人的奴隸。在南方的大莊園中做牛做馬，度日如年，一代復一代。直到作者埋葬了父親，也埋葬了他們家族數代為奴的痛史。

《根》於一九七六年出版後，立即在美國社會掀起了狂潮，高居各大報暢銷書排行榜之上，經年不衰。黑人看，白人也看，《根》成為一種奇蹟，一種「舉國若狂」的現象。據出版此書的紐約戴布迭（Doubleday）出版公司估計，《根》已賣出了一百五十萬冊精裝本、四百萬冊平裝本，被翻譯成三十七種文字。出書後不久，眼尖手快的美國廣播公司（ABC）馬上把《根》拍成電視連續劇（共分八集），於一九七七年一月推出。在連續八個夜晚的黃金時段裡，《根》是美國人民的最愛，創下了電視史上觀眾最多、收視率最高的影集，據估計有一億三千萬人收看。有人形容那八個晚上如哈雷彗星過境，人人爭看：也有人形容這是「超級盃足球大賽」，連打八天！

哈利以夾雜歷史、考證、創作、戲劇的手法撰寫《根》。從較為嚴謹的尺度來看，《根》既非信史亦非純傳記，而是冶小說、戲劇、半真半假的家族史於一爐的通俗讀物。因此，普立茲獎委員會於一九七七年要頒獎給《根》時，不知如何「歸類」（普立茲設有小說、戲劇、非小說、歷史、傳記、詩歌等獎），只好另設「特別獎」頒給作者哈利。

《根》使哈利在一夕之間揚名全美，亦使他變成千萬富豪，但亦逼他在書評家的顯微鏡下接受檢驗。很快地，有人發現哈利的《根》，有許多部分竟是抄襲之作、是剽竊他人的作品！兩位作家向法院提出控告，要和哈利對簿公堂，告他侵害版權。其中一件訟案被駁回，但小說家哈洛·柯蘭德（Harold Courlander）的控告，使哈利大為緊張和尷尬，因出現在《根》的一些段落和敘述，的確是從柯蘭德的小說裡「偷」過來的。後來，哈利與柯蘭德取得庭外和解——哈利賠錢了事。

白人所控制的美國出版界和新聞媒體，當然不願在膾炙人口的《根》上大事找碴，更不敢在黑人讀者尊為現代聖經的書上大挑毛病，他們只能以小瑕不掩大瑜來讚美它。畢竟，哈利費了十二年的光陰浸淫在《根》裡，何況它又是一本可讀性極高的著作。此外，哈利的成功亦代表了黑人作家力爭上游的一面。

哈利於一九二一年八月十一日生於紐約州綺色佳（康乃爾大學所在地），後舉家移至田納西。在北卡州的一間小學院受了兩年教育（一九三七至一九三九）後，即參加海岸防衛隊。先從炊事兵幹起，在二十年的軍旅生涯中，勤奮讀書，努力寫作，在一九五九年退役時，已是海岸防衛隊的首席新聞官。離開軍隊後，哈利成為自由撰稿人，並曾在紐約格林威治村待過一段時間。

由於在海岸防衛隊服役的關係，哈利養成了在船上寫作的習慣。他在陸地上沒有靈感時，便乘桴於海。他說，在海上有一種自由自在、無拘無束的感覺，可以海闊天空地創作、沉思。他曾棲身在一艘貨輪上達數月之久，目的是要完成一部有關他童年時代的故事。然而，哈利在暴得大名之後，卻甚少讀書寫作，財源滾滾而來，他在三個地方購買良田牧場莊園巨宅，一年到頭趕場發表演說。他幾乎忘了寫作！

一九九二年年初，馬不停蹄地哈利似乎有所覺悟了，他已厭倦了到處「作秀」的生活，他要回到書房去。他結了三次婚，皆不美滿，兩度離婚，一次分居。他說，作為一個作家，他的「另一半」不是女人，而是打字機。

哈利真的準備回到船上書房「再出發」。他打算在西雅圖附近的一個海軍基地為官兵發表演說後，即重返打字機前。但在演講前一天，即一九九二年二月十日深夜，因心臟病突發不治，猝逝於西雅圖，終年七十。

他來不及趕上停泊在海上的輪船，也看不到同他睽違已久的打字機。但他所發掘的《根》，卻如一把永不熄滅的火炬，照亮了千千萬萬人的良知與尊嚴，它的光和熱將像虹光一樣長留人間。

《廣島浩劫》作者約翰・赫西

出生於中國天津的美國著名作家約翰・赫西（John Hersey），一九九三年三月二十四日病逝於佛羅里達州，終年七十八歲。

於一九四五年以《阿丹諾之鐘》（*A Bell for Adano*）獲得普立茲小說獎的赫西，不僅是一個才華洋溢的多產作家（二十三本著作），也是第一流的戰地記者。他在二次大戰期間採訪中國、太平洋和歐洲戰場的報導，使《時代》、《生活》和《紐約客》雜誌洛陽紙貴，亦奠定了他在新聞界的崇高地位。他在瓜達肯乃爾島上勇救傷患的事蹟，獲得海軍部長的特別表揚。然而，他在戰場上所目睹的「血流成渠，枕骸遍野」的畫面，卻使他成為一個徹底的反戰分子和堅決的人道主義者。

以美軍占領義大利村莊為背景的《阿丹諾之鐘》（後改編成電影《自由之鐘》），雖展示了赫西的小說技巧，但真正使他揚名立萬的不朽著作，乃是一九四六年出版的《廣島浩劫》（*Hiroshima*）。這本紀實文學描述了六個廣島居民對原子彈爆炸的驚恐回憶，以及原爆之後的悲慘情狀。一九四六年八月三十一日出版的《紐約客》雜誌，以全部篇幅刊出《廣島浩劫》之文。原子彈炸毀了廣島，赫西的《廣島浩劫》則震撼了美國。《紐約前鋒論壇報》稱其為二次大戰的最佳報導；《紐約時報》社論呼籲世人注意原子彈所造成的災難；曾寫信請求羅斯福總統製造原子彈的大科學家愛因斯坦，則買了一千本《紐約客》分贈友人。

赫西是一個對中國極有感情的人。他曾親眼看到日本士兵對中國人的殘暴，因此他的《廣島浩劫》並不是狹義的同情日本人，而是對原子彈浩劫的哀悼。

赫西於一九一四年六月十七日生於天津，父母皆為傳教士，父親在天津基督教青年會任職。赫西十歲始回到美國，他常說他先會說中國話，然後才學英文。大學畢業後，赫西的第一個工作是做諾貝爾文學獎得主辛克萊・路易士（Sinclair Lewis）的私人秘書。一九三七年，赫西進入《時代》周刊當記者，他的背景、學歷、工作態度和出色的寫作基礎，使他很快地被《時代》、《生活》與《財星》三大雜誌的創辦人亨利・魯斯所賞識，而成為《時代》編輯部的一顆新星，這也是他在美國新聞界和文壇發跡的開始。

魯斯欣賞赫西的原因，除了赫西本身的上好條件之外，主要是他們兩人具有極為相似的出身和教育背景。魯斯生於中國山東登州，父親亦為一傳教士（台中東海大學的路思義教堂，即為紀念魯斯之父），魯斯也是先了解中國之後，始認識美國。魯斯比赫西大十六歲，但在中學和大學都是先後期同學，都在康乃狄克州的貴族學校（霍奇基斯中學、耶魯大學）受教育，大學畢業後又前往英國深造（魯斯牛津，赫西劍橋）。這兩個傳教士之子在中學念書的時候，也都遭遇了同一命運，受到同學的「歧視」：魯斯被譏為「中國小鬼」（China Boy），也有人罵他是「中國佬」（Chink）；赫西則遭同學排斥，大家把他當作是來自中國的怪人，赫西日後回憶說他的中學時代「頗為寂寞」。魯斯與赫西的另一共通點，就是對新聞工作的狂熱。

把中國當成第二故鄉的深厚感情，以及對這塊古老土地與人民的眷念，不僅拉近了魯斯與赫西之間的僱主關係，且使魯斯視赫西為「義子」，一再公開表示將來要由赫西擔任《時代》總編輯。然而魯斯與赫西雖因「中國情懷」而水乳交融，卻因對「中國問題」的看法殊異，雙方竟翻臉決裂，二十餘年未曾交談！

魯斯是個主觀極強的人，他對中國的一往情深、對蔣介石政府的堅決支持，深深影響他對中國局勢的看法；亦使《時代》在報導中國問題時，全然表現了「一言堂」的新聞處理態度和言論主張：即無條件地支持蔣、宋、孔三大家族，拒絕刊登任何不利於國民黨政府的報導。尤其是在二次大戰時期，《時代》與《生活》百分之百的親蔣立場，使中國戰區的不少真相受到蒙蔽，許多事實遭到歪曲。赫西雖愛中國，但他追求事實、發掘真相和客觀報導的新聞理念，恰和魯斯一味偏袒國民黨中國的作法，完全不同。

一九三九年五月下旬，魯斯指派赫西到中國採訪戰事，順便物色一位能夠定時為《時代》和《生活》撰發通訊稿的特約記者。赫西在重慶只待了一個禮拜即返美，不過他找到了一個精力充沛、幹勁十足而又能說中國話的小伙子，這個特約記者即是日後享大名的白修德。其時，哈佛大學歷史系畢業不到一年的白修德（費正清為其業師），正在國民黨中宣部國際宣傳處擔任英文編輯顧問，他的頂頭上司是董顯光。

白修德獲赫西聘用後，立即辭去國際宣傳處的工作，開始為《時代》和《生活》報導中國戰況。白修德敏銳的新聞鼻子和採訪能力，立即得到魯斯的激賞；並在一篇特寫中打破《時代》的慣例，讓白修德署名（by-line）；而赫西當編輯時，亦常為白潤飾文字。一九四一年五月，魯斯夫婦訪問重慶，受到蔣介石、宋美齡、孔宋家族和中國黨政軍高層的熱烈歡迎；白修德第一次見到魯斯（魯斯年長十七歲），雙方一見如故。白修德對中國歷史的了解、對重慶官場的熟稔，使魯斯對這位哈佛歷史系第一名畢業的猶太裔高材生，留下深刻的印象。很快地，白修德亦跟赫西一樣，成為魯斯的兩個「寵兒」；很快地，白修德對中國情勢的看法，也觸怒了魯斯。

赫西對中國與太平洋戰場的報導，經常遭到紐約編輯部的刪改，凡不利於官方的皆在魯斯（兼總編輯）的授意下被留中不發或全部改寫，以配合《時代》的新聞政策。而白修德在中國戰區衝鋒陷陣地採訪，揭發國民黨軍政高官的無能、孔宋家族的特權以及河南大飢荒的慘狀，使魯斯大感頭痛。乃下令編輯部門一些反共編輯對白修德的稿子加以「改頭換面」，將批評改成讚揚，使黑的變成白的；白修德氣極了，不願再幹重慶特派員，回到紐約編輯部當撰述。赫西向魯斯力爭、抗議，亦皆無效。

赫西對《時代》周刊的顛倒是非，痛心之至。有一次毫不客氣地對魯斯說：「蘇聯《真理報》和《時代》周刊所登載的『事實』，都差不多。」意思是說，都少得可憐或完全沒有。魯斯無動於衷，繼續採取向蔣介石政權「一面倒」的編輯方針。一九四五年八月日本投降後，赫西奉魯斯之命，再到遠東採訪戰後形勢，為《生活》撰寫特稿。他在中國看到了國共內戰的預兆，在日本則親自訪問了廣島原子彈爆炸的六名生還者。赫西將廣島所見所聞寫成十餘萬字長文，交由《紐約客》發表，轟動全美。魯斯則認為〈廣島浩劫〉一文不應交給《紐約客》刊登，並指責赫西「背叛」他，不願再和赫西見面。事實上，〈廣島浩劫〉之文係應《紐約客》主編之請所撰。

赫西離開《時代》和《生活》的導火線雖係〈廣島浩劫〉長文所引起，但對中國問題的歧見，卻是雙方分手的火種。赫西脫離《時代》、《生活》後不久，白修德亦告別了魯斯。

赫西投效《紐約客》後，寫作更勤，寫波蘭猶太人的受難、寫中國人的生活、寫美國黑人民權運動。他的報導文學和小說創作，每逢出版，都能引發迴響。赫西辭去《紐約客》編務後，在母校耶魯大學做了五年的皮爾遜學院學監，並講授英文。越戰期間，赫西成為第一批反戰的文藝界領袖；一九八五年，他又前往廣島追蹤四十年前的浩劫餘生。赫西在一九九二年罹患癌症後，仍著述不輟，死前一個半月還把其最後選集交給出版社。

赫西與魯斯分手後，兩人曾在公眾場合碰面多次，赫西欲和舊日老闆修好，魯斯皆掉頭他顧。只有一次主動開口，恨恨地對赫西說：「我剛自日本回來，曾特地到『你的島』（即廣島）去訪問。」說完即揚長而去。六〇年代中期，赫西以耶魯學監身分邀請魯斯到耶魯的「雅禮學會」演講，魯斯欣然接受，雙方終於結束了二十多年的「冷戰」。白修德後來亦與魯斯言歸於好。魯斯於一九六七年病逝（六十八歲），白修德卒於一九八六年（七十一歲）。

一九八二年十一月，三十多位當年採訪過戰時中國的老記者聚集在亞利桑那州，暢敘「天寶遺事」。赫西亦應邀出席，並發表了採訪中國的經驗以及他和魯斯關係的演講。柏克萊加州大學將這批「老中國通」的回憶結集出版，書名為《中國報導：三、四〇年代美國新聞界的口述歷史》（*China Reporting: An Oral History of American Journalism in the 1930s and 1940s*）。

在赫西的作品裡，中國的童年與兵燹、太平洋的血戰和歐洲的砲火，都昇華為永恆的文學遺產，豐富了人類的心靈。

夏爾親睹親撰納粹帝國興亡

《第三帝國興亡史》（*The Rise and Fall of The Third Reich*）作者威廉・夏爾（William L. Shirer, 1904-1993）是個光芒四射的文字記者、廣播記者、通俗史家以及言論自由的捍衛者和白色恐怖的對抗者。

在人才輩出的二十世紀西方新聞界與寫作界，夏爾是其中巍然傲世的巨人。在他八十九年的生命中，他親眼目睹了希特勒與第三帝國的興起；他從戰雲密佈的柏林和維也納，向大西洋彼岸的美國朝野越洋廣播納粹鐵蹄的聲響；在麥卡錫主義橫行的白色恐怖時代，他堅持為自由、人權和尊嚴而寫作，毫不退縮；在世人渴望知道美麗的萊茵河畔何以會出現一個攪得天下大亂、生靈塗炭的納粹政權之際，他適時推出了震撼全球讀書界的經典巨著：《第三帝國興亡史》。

全世界讀者從這部開山著作中，逐步地、全面地了解優秀的日耳曼民族為什麼會如此自我毀滅。夏爾帶領大家走入納粹的草地、殿堂、碉堡與廢墟。《紐約時報》於一九九三年十二月二十九日大篇幅報導夏爾以八十九歲高齡辭世的消息，第一句話就是：「《第三帝國興亡史》作者兼柏林特派員夏爾……昨日病逝於波士頓麻薩諸塞總醫院。」

夏爾於一九〇四年二月二十三日出生於芝加哥。他的父親是個律師，做過聯邦地區檢察官；九歲那年，其父因腹膜炎去世，他的母親帶著他和幼弟搬回愛荷華州西達拉匹茲鎮（Cedar Rapids）娘家，夏爾即成長於這個中西部的小城，並就讀當地的柯學院（Coe College）。在校時曾當學生報記者，同時亦為地方報紙《西達拉匹茲共和黨人報》撰寫運動新聞。一九二五年畢業後，好動又富於好奇心的夏爾，不甘心一輩子就留在盛產玉米的愛荷華州做個莊稼漢，他一心想出海遠行，不想在「又禁酒又充斥基督教基本教義和清教主義以及無能的柯立芝總統當道的美國」待下去。於是，他在芝加哥和紐約轉了一圈後跑到加拿大，即從蒙特婁登上一艘開往歐洲、載滿牛群的貨輪，他以餵牛吃乾草而換取三餐。閒逛了一陣英國、比利時和法國後，落腳巴黎，在《芝加哥論壇報》（*Chicago Tribune*）巴黎分社找到一份核稿工作。求知欲極強的夏爾在充滿智慧與生命的塞納河畔，如魚得水，他為了彌補語文與歐洲史知識的不足，特地到法蘭西學院選課；當時，正有一批美國作家和藝術家留連巴黎，每天泡酒館和咖啡座，交換創作心得，他們是海明威、費茲傑羅、詩人龐德（Ezra Pound）、舞蹈家鄧肯（Isadora Duncan），還有以老大姊自居、身體肥胖而又個性剛烈的「女同志」作家史坦因（Gertrude Stein）。在文學史上，他們被稱為「失落的一代」（Lost Generation，又譯迷惘的一代，這個名詞據說是史坦因想出來的）。夏爾興奮地和他們交朋友，海明威大夏爾五歲，《大亨小傳》作者費茲傑羅也只比夏爾大八歲，在紅酒和雞尾酒的助興下，大家都有說不完的話題。

夏爾於一九二七年正式提升為《芝加哥論壇報》駐歐洲特派員，當年即參與採訪美國飛行家林白「孤鷹征空」，從紐約長島飛越大西洋降落於法國的新聞。從一九二九年至一九三二年，夏爾轉任論壇報中歐分社（維也納）主任，其間曾赴印度和阿富汗採訪，並與日後號稱「印度聖雄」的甘地結為好友。夏爾於一九三一年在維也納與奧地利裔攝影家德瑞莎·史迪伯瑞茲（Theresa Stiberitz，匿稱Tess）結婚（生了兩個女兒，一九七〇年離異，夏爾後娶一俄文教師）。一九三二年，夏爾在阿爾卑斯山滑雪時摔傷，瞎了一隻眼睛。由於美國國內經濟不景氣，影響到報紙廣告和銷路，《論壇報》撤銷了夏爾的職位。他和妻子即搬至西班牙海邊一個小漁村住了一年多，花光了積蓄，寫了幾本不盡理想的書（包括小說），但都未出版。

夏爾於一九三四年回到巴黎為《紐約前鋒報》工作，同年八月轉任為環球通訊社柏林分社特派員，環球社老闆是當時的美國報閥之一威廉·倫道夫·赫斯特（William Randolph Hearst）。一九三七年八月，赫斯特突然關掉柏林分社，夏爾只好改任赫斯特旗下另一家國際通訊社的記者，沒想到幾個禮拜後被解僱。這是一則既意外又難堪的消息，夏爾其時正躋身美國媒體駐歐第一流特派員的行列，與撰寫內幕新聞出名的約翰·根室（John Gunther）、史安（Vincent Sheean）和女記者朵樂絲·湯普遜（Dorothy Thompson）齊名，而且亦和他所心儀的小說家、第一個獲得諾貝爾文學獎的美國人辛克萊·路易士成為知己。

然而，天無絕人之路，就在一九三七年八月二十四日被國際社解僱那天，夏爾亦收到一封發自倫敦的電報，但他並沒有馬上拆閱這封電報。先到街上漫無目的、內心茫然地逛了一圈後，回到家裡才拆閱電報。原來是哥倫比亞廣播公司（ＣＢＳ）的愛德華・莫洛約他八月二十七日在柏林一家旅館見面吃晚飯。夏爾想不通從事廣播的莫洛為什麼會找他。兩人見了面，聊了一陣後，莫洛即邀他加入ＣＢＳ當駐歐廣播記者，週薪和國際社一樣，一個禮拜一百二十五美元。夏爾當場接受，他很需要這份工作，他的妻子已經懷孕，他不能沒有收入。

對夏爾來說，投效ＣＢＳ，等於是改變人生跑道，從文字記者變成廣播記者，莫洛的身分是ＣＢＳ歐洲區經理，夏爾為ＣＢＳ歐洲分社首席記者。莫洛菸不離口，夏爾則愛抽煙斗，莫洛在二次大戰前夕及期間廣招人才，為ＣＢＳ開創了黃金時代，他所招聘的好手，在美國廣播史上被稱為「莫洛的跟班」（Murow's Boys，或稱「莫洛幫」）。比莫洛大四歲的夏爾則是第一個加盟的子弟兵，不幸的是，也是第一個和莫洛鬧翻。「莫洛幫」亦指艾力克・沙佛萊、查爾斯・柯林伍和霍華德・史密斯等大將。「莫洛幫」共有十一人，但以夏爾、沙佛萊、柯林伍和史密斯等人聲名最著，在廣播史上亦佔有重要一頁。

從此，夏爾輪番在維也納、日內瓦、倫敦和柏林播音，把他所親眼看到及親耳聽到的歐洲見聞，越洋廣播給美國聽眾。那時候是個「山雨欲來風滿樓」的時代，夏爾的廣播重點當然是納粹德國的整軍經武和沸騰不已的德意志民族主義。一九二九年全球經濟大恐慌，為希特勒的國家社會主義黨（國社黨，或稱納粹黨）的興起創造了時代背景和奪權動力。國社黨利用合法的選舉和非法的街頭暴力手段，逐步取得政權。一九三三年，本為奧地利人的「小伍長」希特勒被任命為德國總理，而導致一九一九年成立的威瑪共和國壽終正寢。整個德國不僅改頭換面，亦徹底脫胎換骨，全歐更面臨狂風席捲。

一九二五年即抵達歐洲的夏爾，在第一線目睹了納粹的崛起和第三帝國的建立，他在歷史風暴中近距離觀察時代的巨變。當德軍於一九三八年三月併吞奧地利時，夏爾是唯一目擊納粹鐵蹄開進奧京維也納的美國記者。但德國佔領軍禁止他使用電台，莫洛指示他飛往倫敦，向全世界報導這件象徵納粹開始黷武擴張的大事，他自己則趕到維也納坐鎮。就在此時，ＣＢＳ推出了「歐洲新聞綜合報導」（European round-up）的半小時廣播節目，由柏林、維也納、巴黎、羅馬和倫敦記者作連線報導。這個廣受聽眾歡迎的節目日後擴充為「ＣＢＳ世界新聞綜合報導」，早晚各一次，每次十五分鐘，至今未停。

大戰前夕，夏爾報導了英、法、德、義四國首腦於一九三八年九月底在德國慕尼黑簽訂協定，捷克被迫割讓蘇台德區領土給德國。以為〈慕尼黑協定〉會為歐洲帶來「永久和平」的英國綏靖首相張伯倫，從此揹上歷史惡名。一九三九年九月一日，德軍入侵波蘭，二戰爆發；夏爾從柏林報導了德軍以迅雷不及掩耳之勢侵略丹麥、挪威、荷蘭、盧森堡、比利時和法國。法國於一九四〇年六月二十二日和德國簽訂城下之盟，舉手投降，隨德軍進入法國的夏爾，率先獨家報導法蘭西的屈辱，在廣播史上被稱為是一項傑作。

二戰爆發前夕及戰爭初期，夏爾一直以「虎穴」柏林為基地，他在歐洲多年，早已能充分掌握德、法、義三種語言，為了採訪納粹掌權，他還盡量沖淡帶有奧地利腔的德語。他要想盡辦法逃過無所不在的納粹宣傳部的新聞檢查。他旁聽了無數次希特勒的煽動性演說，他也觀看了納粹宣傳部發動的無數次場面壯觀的集會和大遊行。但是，當莫洛在倫敦向美國聽眾現場轉播德機轟炸的實況時，夏爾在新聞檢查的柏林卻不能向美國聽眾報導英國飛機空襲柏林的消息。一九四〇年夏天，納粹宣傳部不斷向夏爾施加壓力，要求他多多報導德國官方發佈的戰爭新聞；同年十二月，夏爾不得不離德返美，當時他從一條管道中獲悉納粹秘密警察（蓋世太保）正準備抓他。夏爾離德時把他多年來所寫的日記和筆記攜帶出境，這些材料幫助他撰寫一九四一年出版的《柏林日記》（*Berlin Diary*），這本書總結了他在一九三四年至一九四一年的德國經驗。直至一九四五年盟軍在紐倫堡審判納粹戰犯，夏爾才有機會重返德國採訪。

二戰結束後，夏爾在廣播界的名聲如日中天，CBS特別為他開闢一個每週日下午半小時的新聞及評論節目，收聽率極高。好發議論的夏爾常在節目中以自由派觀點針砭時局，批評杜魯門總統所推動的土耳其與希臘政策，即抵制蘇聯擴張的「杜魯門主義」。夏爾亦在節目中抨擊腐敗無能而又陷於內戰的蔣介石政府。那是冷戰剛開始的年代，許多保守派人士（包括兩黨）對夏爾的觀點與論調諸多不滿，而一向重利潤而輕專業的CBS大老闆威廉・裴理亦對夏爾頗有微詞。一九四七年三月，夏爾廣播節目的贊助廠商威廉斯（J. B. Williams）因不滿夏爾的政治立場而撤退，當時主管公關的CBS副總裁、老友莫洛為他安排不同時段播音，在交涉過程中發生誤會，而裴理又認為夏爾對CBS已無用處，於是夏爾在極度憤懣下離開他已效勞十年的CBS。夏爾與莫洛的友誼亦因此中斷，莫洛於五〇年代麥卡錫主義猖狂時代，曾挺身而出在電視上痛責威斯康辛州共和黨參議員麥卡錫假藉反共之名胡亂誣陷忠良。這些往事，好萊塢曾於二〇〇五年拍成電影《晚安，祝你好運》（*Good Night, and Good Luck*）。一九六一年甘迺迪總統任命莫洛出任新聞總署署長，一九六五年四月二十七日莫洛死於肺癌，終年五十七歲。莫洛臨終前一年曾和夏爾聚餐長談，回憶往事，但個性耿直而又固執的夏爾並未諒解莫洛，儘管莫洛的妻子是夏爾大女兒的乾媽。

夏爾離開ＣＢＳ後，閉門寫書之外，常到各大學演講，但收入有限，又要撫養兩個女兒，生計頗為困難。而他又因政治立場的關係，被列入「黑名單」，廣播公司和報社都不敢聘請他。然而，勤奮的夏爾並不氣餒，五〇年代初聯邦政府公開大批擄獲自德國的文件和日記，夏爾花大量時間閱讀這批重要檔案，並埋首撰寫納粹興衰史。他和 Simon and Schuster 出版公司簽約的原書名為《希特勒惡夢帝國》（*Hitler's Nightmare Empire*），後來改成《第三帝國興亡史》。因材料過多，夏爾拉長寫作時間，一九六〇年十月十七日正式出版，初版首刷一萬二千五百本（原定五千本）。

黑底封面並印有納粹標誌的《第三帝國興亡史》，一出書即轟動全球，出版第一年精裝本賣了百萬冊，平裝本亦賣了百萬冊，到了二十一世紀仍持續印刷，依然暢銷。筆者於一九七六年六月三十日在紐約著名的 Strand 書店，以三元五角美元買到一九六〇年版的第二十五刷精裝本，當天並在扉頁上寫道：「多年前曾在台灣讀過中譯本。」這本書於一九六一年獲國家書卷獎；《讀者文摘》於一九六二年濃縮連載；一九六六年ＡＢＣ廣播公司根據此書改編成電視紀錄片；

亦有一家出版社以畫冊形式出書。這本書為夏爾帶來了榮耀與財富，但精明的夏爾也有「失算」的時候，他為了避免繳納高額所得稅，在合約中規定出版公司每年付他二萬五千美元即可。他沒想到的是，出版公司坐享他的數百萬美元收入，而不需付他半分利息。夏爾後半輩子都在懊惱自己打錯算盤，一直想辦法改變。

《第三帝國興亡史》能夠成為美國近代出版史上最耀眼的奇蹟之一，並非偶然，而是可讀性太高。原書雖厚達一千二百四十五頁，卻讓讀者開卷之後欲罷不能。夏爾綜合他在德國的親身經歷和文字資料，再加上生動的筆觸，把第三帝國寫活了。他寫希特勒的煽動本能和領袖素質、戈林元帥的奢華、宣傳部長戈培爾的蠻橫、納粹黨副黨魁黑斯的精神不穩、黨衛軍軍頭希姆萊的陰鷙和外交部長里賓特洛甫的平庸，以及其他納粹領導層的面相，都在夏爾筆下栩栩如生。參讀希特勒的女祕書特勞德爾・容格（Traudl Junge）在回憶錄中對納粹高層人物的描寫，更可證實夏爾所述不僅真實可信，且具敏銳的洞察力。

曾因祕密反對希特勒而遭絞刑處死的德國貴族毛奇（Count Helmuth James von Moltke）的遺孀佛蕾雅（Freya von Moltke），於二〇一〇年一月一日以九十八歲高齡病逝於佛蒙特州，《紐約時報》一月十日的報導又提到了夏爾的《第三帝國興亡史》。訃聞引述夏爾的話說，毛奇所組織的祕密集團，「為反抗希特勒提供了思想上、精神上、倫理上、哲學上以及在一定程度上的政治理念。」

夏爾於一九七七年曾對《紐約書評》雜誌說，如他未在五〇年代被列入黑名單，也許他就永遠沒有機會寫《第三帝國興亡史》了。夏爾也寫過小說、傳記和三冊回憶錄，但他的傳世經典無疑是這本一千多頁的納粹史巨著。

西方俗諺說，新聞是歷史的初稿。夏爾不僅寫過和播過初稿，他也完成了納粹帝國史的定稿。

探討人生百態的劇作家田納西・威廉斯

以《玻璃動物園》（一九四四年）、《慾望街車》（一九四七年）和《朱門巧婦》（一九五五年）等劇本執美國戰後戲劇界牛耳的名劇作家田納西・威廉斯（Tennessee Williams, 1914-1983），一九八三年十月二十五日告別了他的戲劇與人生，捨棄了他的煎熬與喜悅，走向了永恆的天國。

戲劇是最能反映人生百態的一種文藝形式。透過劇作家對劇中人物的塑造、對白的刻劃和劇情的舖陳，使人生搬上了舞台，舞台成為生活的縮影。自古希臘時代以來，戲劇一直是西方文藝創作中的「白眉」，也是充實西方文化內涵的一個璀璨瑰寶。在易卜生、莫里哀、契訶夫、蕭伯納、尤金・奧尼爾和田納西・威廉斯等近代劇作家的導引下，戲劇已變成鼓吹社會思潮的最有效的武器之一，其影響力不但上及王公貴人，而且深達民間各階層。各大小劇院的盛衰常能反映一個文明與社會的榮枯。

田納西・威廉斯的一生和他的無數劇本，可以說是四〇年代以還美國生活與社會的部分寫照。他的劇本涵蓋了太多的暴力、性與死亡，但又在對白中含蘊了同情、憐憫和善意；他描述生活的無助、沮喪和絕望，但又不失其詩意和抒情之美；他對人物的琢磨、性格的塑造和題材的掌握，將美國的戲劇提昇到「更接近人生」的境界；他筆下的布朗綺．杜波伊、羅拉．溫飛德和史坦利．柯瓦斯基等角色，早已成為美國人耳熟能詳的人物。

沒有疑問的，任何一部偉大的文學作品，必定有其足以傳世和不朽的生命存在，而在作品的生命中亦必定流動著羣眾的血液和跳動著人民的脈搏。在《玻璃動物園》（*The Glass Menagerie*）、《慾望街車》（*A Streetcar Named Desire*）和《朱門巧婦》（*Cat on the Hot Tin Roof*）等作品中，我們看到的是美國各大街小巷中的血肉之軀和他們的七情六慾；我們更可以從這些劇本中，深入體會和了解我們在日常生活中所歷經的挫折與快樂、痛苦與滿足、氣餒與得意。田納西．威廉斯說過，他寫作的基本前提，在於了解「被周遭環境所束縛的每一個人所展示的柔弱與剛強」。

海明威的小說影響了一個世代的美國社會思潮，同樣地，田納西．威廉斯的戲劇亦左右了戰後的美國文壇氣象。

出生在南方密西西比州的田納西．威廉斯（本名湯瑪斯．威廉斯），終其一生是個極不快樂的人，他憂鬱成性，對疾病、失敗和死亡滿懷恐懼。父母親的「錯誤婚姻」和他姊姊的精神失常，使田納西．威廉斯本人在魂靈深處經常飽受煎熬，他將他的矛盾、衝突與掙扎，寫入劇本，賦與生命。他終年酗酒、服鎮靜劑和吸毒；他直言無諱地自承是一個同性戀者；他生性內向，但也是一位溫文儒雅的南方紳士。在表面上，他無視於劇評家和觀眾的反應，但在內心裡和情緒上卻經常受到劇評家與觀眾的猛烈震撼。田納西．威廉斯是一個「平凡的人」，他將他的感受和遭遇，投射在舞台上，而使他成為一個「不平凡的劇作家」。

從另一個角度來看，田納西．威廉斯的酗酒、服鎮靜劑、吸毒、同性戀、精神崩潰、矛盾、充滿挫折感，以及摸索生命意義和生活價值的心路歷程，又何嘗不是當今千千萬萬美國人的寫照？《紐約時報》在田納西．威廉斯的訃聞中說：「他的作品反映了他的生活，他的生活亦反映了他的作品。」我們可以這麼說，田納西．威廉斯的生平和劇作不但是美國芸芸眾生的一個縮影，而且烘托出美國社會與生活中的一個廣大層面，這個層面所包含的質素是消極的、頹唐的和病態的。在一個物質文明高度發達的國度，這種消極的、頹唐的和病態的生活內容是隨處可見的，而任何一個現代化社會似乎都無法避免這些社會現象的衍發與存在。

田納西．威廉斯的偉大，就在於他將這些社會現象活生生地搬上舞台，使觀眾親睹美國社會的一個橫切面。

雖然自六〇年代初期以來，田納西．威廉斯的作品即每下愈況，不再有傑作傳世，但他始終是一個不停筆的作家，他一直未嘗稍懈地寫作和改寫舊作。名演員馬龍白蘭度說，田納西．威廉斯所度過的是一種「創傷的生活」；但是，「內傷」纍纍的田納西．威廉斯，卻是一個堅信「生命永遠前進」的智慧人物。他的生命之火雖多次面臨熄滅，但他仍不斷地將火炬點燃，以照亮他所生存的社會。無庸置疑的，田納西．威廉斯的名字已鑲嵌在美國歷史殿堂中一尊巍峨的巨柱上。

最出色的總統文膽蘇仁森

美國前總統柯林頓執政時，他的新聞秘書麥克理（Mike McCurry）有一天對當年為甘迺迪總統撰寫演講稿的蘇仁森說：「每一個到華盛頓來的人都以你為榜樣。」麥克理的意思是，當總統文膽和新聞秘書的人都希望師法蘇仁森，成為一個第一流的白宮捉刀人和總統最信賴的幕僚。

蘇仁森被史家和媒體公認為二十世紀最出色的總統文膽，甘迺迪生前許多膾炙人口的名言和警句，如就職演說中的「不要問你的國家能為你做些什麼；而要問你能為你的國家做些什麼」（Ask not what your country can do for you; ask what you can do for your country）等，都出自他的筆下。

甘迺迪於一九六三年十一月二十二日遇刺後，蘇仁森曾先後在一九六五年和一九六九年出版過《甘迺迪》（*Kennedy*）及《甘迺迪遺緒》（*The Kennedy Legacy*）兩本書，但四十多年來一直有意「避免」談他和前總統的關係，而成為仍健在的甘迺迪最親近的高級幕僚中仍未寫回憶錄的兩個人之一，另一個就是歷任甘迺迪和詹森兩朝國防部長的麥納瑪拉（Robert McNamara，只出過有關越戰決策的回憶）。在一些史家和友人的敦促下，蘇仁森終於下定決心撰寫回憶錄，就在他準備寫書之際，病魔降臨，一場中風使他走上了手術台並嚴重影響到他的視力，而使他在閱讀資料和寫作上遇到極大的困難。

朋友向他推薦普林斯頓大學畢業並曾留學倫敦政經學院的亞當・法朗柯（Adam Frankel）做他的助手兼研究員，實際上是當捉刀人（ghostwriter），那時候法朗柯才二十歲出頭。《紐約客》雜誌戲稱：「蘇仁森請了一個蘇仁森幫他寫回憶錄。」蘇仁森口述，法朗柯書寫，寫好再由法朗柯唸給蘇仁森聽，然後再修改；後來蘇仁森視力恢復到能夠在兩盞強力燈光下閱讀放大字體。他們合作六年之後，二〇〇八年終完成回憶錄的撰寫，由哈潑（Harper）出版公司推出，書名為《顧問：活在歷史邊緣上》（*Counselor: A Life at the Edge of History*）。

二〇〇七年年底書稿完工後，法朗柯加入角逐民主黨總統候選人提名的歐巴馬競選團隊，為歐巴馬撰演講稿，而蘇仁森亦公開力挺歐巴馬。

蘇仁森生於內布拉斯加州林肯市，畢業於內布拉斯加大學法學院，父親做過該州總檢察長。他的父親是丹麥移民後裔，母親則是俄國猶太移民後代，父母親都很重視閱讀、演講和辯論。一九五三年年初，不滿二十五歲的蘇仁森開始擔任參議員甘迺迪的立法助理兼撰稿人，從此開始他們為時十一年的密切關係。一九五四年，甘迺迪因背部開刀在佛羅里達州療養期間，決定撰寫一本介紹美國歷史上八名具有道德勇氣和政治智慧的參議員，書名是《當仁不讓》（*Profiles in Courage*，又譯《勇者的畫像》）。這本書於一九五六年出版後，立即洛陽紙貴，並獲普立茲獎。然而，書一出版即有很多人懷疑甘迺迪並不是真正的作者，而是有高手幕後捉刀。有人猜是喬治城大學歷史教授戴維思（Jules Davids），因甘迺迪的妻子賈桂琳（Jacqueline）在喬治城大學上夜校時選過戴維思的課，有可能從中為丈夫和教授牽線。不過，絕大多數人都認為極具寫作天分的蘇仁森才是《當仁不讓》的作者。五、六〇年代美國媒體最有名的「扒糞」（muckracking）專欄作家皮爾遜（Drew Pearson）因公開指出蘇仁森是捉刀人而惹火甘迺迪，雙方差點對簿公堂。

蘇仁森非常忠於甘迺迪，他在回憶錄中從未坦言甘迺迪的講稿和著作是他寫的，他一再謙虛地說：「我協助甘迺迪草擬……。」他謹守「幕僚沒有姓名」的金科玉律，而不虛美自己。但在回憶錄的字裡行間和根據其他史家的研究成果，仍可看出蘇仁森確實是甘迺迪所有重要講稿的捉刀人。至於《當仁不讓》，全書十一章，甘迺迪只對第一章和第十一章下過工夫，而其餘篇章皆由蘇仁森執筆，甘迺迪修改後定稿。甘迺迪重要講稿的完成，通常都是先由甘迺迪口述綱要和重點，而由蘇仁森草擬初稿，甘迺迪閱後做一些修正或添加意見，再交蘇仁森重寫。換言之，一篇講稿有甘迺迪的靈魂，也有蘇仁森的心血。嚴格說來，已分不清真正的作者。

史家指出，前總統傑佛遜的第一次就職演說、林肯的第二次就職演說、小羅斯福的第一次就職演說和甘迺迪的就職演說，乃是美國歷史上最偉大的四篇就職演講。蘇仁森透露，他根據甘迺迪的口述寫成就職演說初稿後，分送十個人審閱，其中包括兩度代表民主黨競選總統失利但頗有文采的史蒂文生（後出任駐聯合國大使）和哈佛經濟學家高伯瑞（John Kenneth Galbraith，後出任駐印度大使），他們都提供了意見。蘇仁森集思廣益，同時亦參考歷史上幾篇著名的就職演說；更重要的是，必須兼顧到甘迺迪的政治理念和治國願景，及其演講習慣與修辭偏好。甘迺迪常強調，最好的演說稿不宜過長，三十分鐘最恰當。

甘迺迪就職演說處處充滿精采的句子，歐巴馬在初選時一再引用其中的一句話，以表明他主張談判而非對抗的外交方針：「我們絕不因害怕而去談判，但我們也永遠不要畏懼談判。」（Let us never negotiate out of fear, but let us never fear to negotiate.）蘇仁森說，這句名言的提供者是高伯瑞。

蘇仁森坦承，他最有成就感的是一九六二年古巴飛彈危機期間，協助甘迺迪草擬答覆蘇聯頭子赫魯雪夫的信件，並獲得正面答覆，從而結束歷時十三天的冷戰最大危機。蘇仁森離開白宮後，在紐約一家跨國律師事務所任職，曾訪問過七十個國家，力主美國應與中國維持友好關係。一九七六年民主黨候選人卡特當選總統，提名蘇仁森出任中情局長，但因蘇仁森年輕時宣稱自己是良心反戰分子而拒服兵役，遭共和黨及部分民主黨參議員杯葛而未過關。蘇仁森表示，當時卡特未堅決支持他，乃是他欠缺臨門一腳之力的最大原因。

就在蘇仁森出版回憶錄之際，他的白宮老同事、已故史學大師亞瑟・施勒辛格（Arthur M. Schlesinger Jr.）的兒子羅伯特（《美國新聞與世界報導》編輯）亦同時出版了《白宮捉刀人》（*White House Ghosts*）這本書。歷述美國史上的總統文膽秘辛。美國歷史上真正能夠親筆寫出曠世文章的總統，首推飽讀聖經與莎士比亞的林肯。美國立國以來，不乏光耀古今的總統名句，但都是捉刀人的傑作，如郝氏（Louis McHenry Howe）為小羅斯福在經濟大恐慌中就職，寫下：「我們唯一要害怕的就是害怕本身。」（The only thing we have to fear is fear itself.）福特在水門事件尼克森被迫下台後昭告全國：「我們漫長的國家噩夢已告結束。」（Our long national nightmare is over.）這句名言的作者是哈特曼（Robert Hartmann）。

蘇仁森感慨地說，白宮捉刀人素質不僅一代不如一代，而且還到處上電視炫耀自己是總統的文膽。這種唯恐天下人不知的心態，怎麼可能寫出生動有力而又有文采與內涵的傳世講辭呢！也許時代變了，好文章已沒人寫，亦不再有人欣賞。「九一一」事件後，美國朝野和媒體只得在英國前首相邱吉爾的名言中尋覓靈感。

為歐巴馬撰寫講稿的「海明威」

二〇一五年一月二十日晚上，美國總統歐巴馬在國會山莊發表約一小時的國情咨文演說，向共和黨控制的參、眾兩院六百多名議員描繪他未來一年的國內外政策。他提出降低中產階級所得稅、提高富人稅額和實施社區學院免學費等共和黨所深惡的治國計畫，完全無視於國會已被共和黨掌控的現實；而顯得意氣風發、鬥志昂揚，清楚表明他的任期雖僅剩兩年，但他將「大幹一番」，以期留名青史。二〇一四年十一月初，遭共和黨痛貶的民主黨參眾議員在國會大殿親聆歐巴馬的演說，興奮不已，為他們打了一劑強心針。

為歐巴馬起草這篇六千字國情咨文講稿的人，是一位年僅三十四歲的「小胖子」，過去曾留了一臉大鬍子（現已刮掉），歐巴馬稱他是海明威。「白宮海明威」的名字是科迪・肯南（Cody Keenan），生於芝加哥一個富有家庭，青少年時代隨父母親搬至康乃狄克州里基菲德（Ridgefield）鎮，這個鎮聚集了一批美國最有錢的家庭。肯南讀高中時是美式足球校隊，打四分衛（quarterback），酷愛看偵探小說，亦當過學生會長。上大學時，他選擇了重返芝加哥附近伊凡斯頓（Evanston）的西北大學，原本讀醫預科，將來想當醫生，不久即放棄，改念中國研究，後又改讀國際關係，最後才選定政治學。肯南是愛爾蘭裔移民後代，他在大學時代即打定主意要到華府闖天下。他利用家庭關係到麻州參議員愛德華・甘迺迪的辦公室，當沒有薪水的信件和公文收發員。後來甘迺迪辦公室有缺額，他終於升上了國會立法助理，做了三年半。

肯南深知自己要更上一層樓，必須再回到學校深造。於是他在二〇〇六年到哈佛大學甘迺迪政府學院專攻公共政策，兩年內拿到碩士學位。他一面在哈佛讀書，一面打工，所謂「打工」，即是加入準備角逐民主黨總統初選的伊利諾州參議員歐巴馬的競選團隊，當一名撰稿實習生。當時歐巴馬的寫作班子已有三個小文膽，組長是二十六歲的強・費夫洛（Jon Favreau），還有三十歲的班・羅茲（Ben J. Rhodes）、二十六歲的亞當・法朗柯（Adam Frankel）。費夫洛同意聘肯南當實習生，可說是肯南生涯的轉捩點。歐巴馬於二〇〇八年十一月當選總統後，費夫洛即成為白宮總統撰稿小組組長，共有七位組員，其中包括肯南。野心勃勃的肯南終於踏進了美國的權力核心，他的職務是負責為總統撰寫畢業典禮致詞和喪葬儀式追悼詞。歐巴馬競選時代寫作班子的成員羅茲進了白宮後不久即調至國安會，主管外交政策並為總統撰寫外交演說。

歐巴馬於二〇一二年競選連任成功後，首席文膽費夫洛準備到好萊塢打天下，從事劇本撰寫工作，白宮寫作小組組長頭銜即落到「海明威」肯南身上。二〇〇九年四月，歐巴馬簽署甘迺迪提出而獲國會通過的《甘迺迪服務美國法案》，在典禮上發表演說，其講稿即由肯南所撰寫。事後，甘迺迪寫了一封信稱讚他：「甘迺迪辦公室和甘迺迪政府學院顯然使你卓然有成。」肯南把這封信裝在鏡框裡，掛在白宮辦公室牆上。過了幾個月，甘迺迪即因腦癌辭世，肯南為歐巴馬撰寫文辭並茂的悼詞。二〇一一年，亞利桑那州土桑市發生驚人槍擊案，六人被殺、十三人輕重傷，重傷者包括該州民主黨女眾議員蓋碧・基福茲（Gabby Giffords，其夫為太空人），肯南為歐巴馬撰追悼詞，頗獲讚揚。二〇一二年年底，康乃狄克州新鎮山迪胡克（Sandy Hook）小學發生屠殺案，二十名小學生和六名老師被一名患有精神病的年輕人所殺，肯南亦為歐巴馬撰寫一篇感人的追悼詞。

美國歷史上能夠自己撰稿而又有文采的總統並不多，其中最突出也是歐巴馬最心儀的是林肯。林肯的演講稿全是自己寫的，據史家說，完全由自己寫講稿的最後一位總統是曾做過普林斯頓大學校長的威爾遜（任期為一九一三至一九二一年）。

為歐巴馬撰寫講稿並不是一樁輕鬆的工作，因歐氏本人也是一位有成就的作家，他親筆寫的兩本回憶錄都是暢銷書，不但獲好評，亦為他賺了幾百萬美元。文膽為歐巴馬寫講稿，如歐氏滿意，他會在講稿上用黃筆畫線或在兩旁加註意見。如總統不滿意，他會自己在黃色活頁紙上用筆重新寫過。最使肯南興奮的是，他在這兩年為總統撰寫國情咨文，都沒有被打回票。

然而，當總統的首席文膽，壓力極大，如蔣介石的頭號文膽陳布雷和毛澤東的才子文膽田家英，皆以自殺殉職。

二〇一四年十二月，歐巴馬一家回到他的出生地夏威夷盡情享受陽光、海水和高爾夫之際，肯南亦陪同到夏威夷去。但他不是度假，而是躲在一家旅館草擬國情咨文，一連寫了十五天，仍未定稿，回到華府後，又在白宮地下辦公室苦思幾天。交稿時間逼近了，有天深夜，他去找國安會的班．羅茲，羅茲亦為一流寫手，當時羅茲正在為一個月大的女兒朗讀小說《梅岡城的故事》。肯南和羅茲兩人各倒了一杯蘇格蘭威士忌酒，邊改稿、邊飲酒，一直弄到拂曉，而不知東方之既白，但講稿終於定了。第二天一早，即傳到歐巴馬的電腦裡。肯南說：「一個人苦思講稿後，一定要找人談談，交換意見，當然，威士忌亦有幫助。」

肯南和他的前任費夫洛在風格、筆觸、佈局和文字運用能力上的最大不同是，費夫洛擅長勾繪出壯闊的遠景和鼓舞人心士氣的華麗辭藻；肯南則善於敘述個人奮鬥成功的實例，喜歡加添力爭上游的小故事。但作為一個總統的專用撰稿員，他們都花了很多時間和心血研究歐巴馬過去的講稿、著作和演說的特色。費夫洛曾表示，他花不少時間研究馬丁．路德．金恩博士和甘家兄弟的演說，同時花更多時間聆聽歐巴馬的演講，揣摩他的語氣、音調和用字習慣。歐巴馬每次指示他演講內容時，他都把總統的意見輸進電腦，然後再整理。他說，講稿要帶有百分之百講者的精神和味道。

美國近代政治史上最著名的總統講稿撰寫人是甘迺迪總統首席文膽蘇仁森，他曾為甘迺迪撰寫了不少名句，如：「不要問你的國家能為你做些什麼，而要問你能為你的國家做些什麼。」過去曾是歐巴馬寫作班子成員的法朗柯，在蘇仁森晚年體弱視盲時，曾協助蘇仁森撰寫回憶錄。蘇仁森以上乘寫作能力和文字技巧，成為日後所有總統撰稿人的偶像。

歐巴馬打趣說，他很高興肯南已把「海明威的大鬍子」剃掉，肯南的女友亦表同意。肯南雖已沒有海明威的鬍子，但他有了自己的文風，並已獲得歐巴馬的賞識，這是他的最大鼓舞與收穫。

英譯《西遊記》的芝大教授余國藩

祖籍廣東台山而在香港出生的余國藩（Anthony Yu）受過嚴格的神學及文學訓練，因此常以宗教的視角和文學的眼光研究中西文學典籍。他以數十年的時間把十六世紀明人吳承恩所撰的名著《西遊記》英譯成四大冊，八〇年代初出版，蜚聲西方學界。過了二十多年，用功不輟的余國藩又推出《西遊記》譯註的修訂版。他傾畢生之力研究這部中國人視為通俗讀物的古典小說，從學術的觀點透視小說的永恒價值，而為東西方學術界所同欽。

中央研究院院士、在芝加哥大學執教數十年的余國藩二〇一五年五月十二日因病於芝加哥辭世，享壽七十七歲。這是繼芝加哥大學圖書館學專家錢存訓於四月九日以一百零五歲高齡去世後，又一位芝大傑出華人學者乘鶴西歸，亦為美國漢學界的巨大損失。

余國藩一九三八年生於香港一個頗具「貴族色彩」的上等家庭，祖父牛津畢業，父親劍橋出身。但因父親余伯泉年輕時投筆從戎，加入國軍，參與抗戰行列，常不在家，所以余國藩在家讀中國古典小說和修習中文，都是由其祖父余芸（曾任香港教育司署高級視學官，一九六六年卒）傳授和指導。余國藩對兒時學習中國古典文學的情景仍記得清清楚楚，恍如昨日。余氏說，他祖父拿給他看的古典小說像《西遊記》和《紅樓夢》都是線裝本，紙張很薄，有很多插圖，每本小說他都讀了好幾遍。這些從兒時到青少年時代的日夜浸染，使他對國學打下深厚的基礎，這也是余氏日後能享譽西方學界的原因。

余國藩十八歲從香港到美國留學，在芝大富勒（Fuller）神學院讀書，獲芝大神學與文學雙博士學位。他在神學、文學、哲學與歷史領域造詣精湛，是芝大唯一一個由五個系合聘四十年的講座教授，這五個系包括比較文學系、社會思想委員會、東亞系、英文系及神學院的宗教與文學系。余氏於二〇〇五年自芝大退休後，仍勤奮探究學問，他新校訂一九八三年出版的四冊英譯《西遊記》的註釋，即是在退休以後才開始，而於二〇一二年完成面世。余氏於一九九八年當選為中央研究院院士，中研院歷史語言研究所在發佈余院士去世的消息時表示，除了英譯《西遊記》，余氏的重要著作有《重讀石頭記：《紅樓夢》裡的情慾與虛構》（中譯本麥田出版）、《中國典籍與歷史上的政教問題》、《朝聖之旅的比較：東西文學與宗教論集》等。聯經出版亦曾印行《余國藩西遊記論集》。

余氏幼時以讀故事書的心態讀《西遊記》等古典小說，長大後即從學術角度研究《西遊記》和《紅樓夢》，他從宗教和文學的兩把利劍剖析這些名著，提升了小說的學術價值。過去也有西方人英譯《西遊記》，但只是選譯，余氏完整譯出全書，並加以詳贍註釋。余氏認為，《西遊記》這部小說是以全真教的思想來貫串全書。

當余國藩在七、八〇年代英譯《西遊記》時，曾請東亞系的美國同事芮效衛（David Tod

Roy）從頭到尾看一遍。芮效衛一九三三年生於南京，比余國藩大五歲，中文極好，在東亞系開了一門「金瓶梅研究」的課程。他在校閱《西遊記》英譯本時，突然想到自己為什麼不英譯《金瓶梅》呢？於是，芮效衛從一九八二年開始英譯被中國守舊派和道學家視為「淫書之首」的《金瓶梅》，一九九三年出版第一卷。芮氏為了全心全力趕譯，辭去教職，二〇一四年譯完最後一卷（第五卷，全書皆由普林斯頓大學出版）。但不幸的是，芮氏得了肌肉萎縮症（俗稱「漸凍人」，三〇年代美國洋基棒球名將陸．加列格〔Lou Gehrig〕得了此症，故又稱陸．加列格症）。英譯本《金瓶梅》總頁數達二千五百多頁，註釋有四千四百多條。令中國人既佩服又感慨的是，余國藩和芮效衛都以學術研究的態度來譯介這兩部中國古典小說。芮氏說，當年中國作家老舍（舒慶春）在倫敦協助英國人英譯《金瓶梅》，因怕丟臉，堅決拒絕在書上印他的名字。

芮氏的弟弟芮效儉（J. Stapleton Roy）亦生於南京，比他小兩歲，一九九一至一九九五年做過美國駐中國大使。芮氏兄弟的父親芮陶庵（Andrew Tod Roy）是美國長老會傳教士，三〇年代和妻子到中國，先在北平學中文，再到南京傳教，並在金陵大學哲學系教書。金大在抗戰時搬到四川成都華西大學，芮氏一家在四川駐足七載，他們印象最深的是日本飛機不停地轟炸。抗戰勝利後，芮家返美，芮陶庵在普林斯頓大學讀了一個博士學位，一九四八年舉家返回中國，當時國共內戰已近尾聲，芮陶庵仍很樂觀，以為自己仍可繼續傳教和教書。當時芮效衛在上海美國學校念書，全校原有四百人，在砲火聲中，只剩十六人。芮氏說，一九四九年五月二十七日共軍全面佔領上海那天，學校正好舉行期末考，考幾何，他當時是十年級（高一）。

大陸變色後，芮家仍留在南京，好學而又好奇的芮效衛從老師和同學那裡知道有一本中國古代黃色小說《金瓶梅》，他在南京夫子廟的一家舊書店買到了線裝插圖的《金瓶梅》，一直保存到今天。但芮氏兄弟的中文卻是在台灣才上軌道，芮效衛在哈佛讀書時被徵召入伍當情報官，派到台灣兩年，每天收聽中共廣播，返回哈佛後，以郭沫若的早年生活為題材撰寫博士論文。芮效儉則是在普林斯頓畢業後當外交官，派駐台灣兩年。

芝大的博士課程素以嚴格、紮實著稱。六〇年代，芝大以擁有歷史學者何炳棣（一九一七至二〇一二）和政治學者鄒讜（一九一八至一九九九）而出名，他們在一九六七年合辦長達十天的中國問題學術研討會，集合全球頂尖學者探討中國大陸現狀，後來把會議論文編成三冊《在危機中的中國》（*China in Crisis*）。

此外，芝大亦因擁有中國古代史名學者顧立雅（H. G. Creel, 1905-1994），而使該校中國研究始終能維持高水平。顧的學生錢存訓嘗言，顧立雅是「美國學術界最早對中國語言和文化作出精深研究的一位啟蒙大師，也是西方研究中國古代史的權威漢學家」。何炳棣則說：「他（指顧立雅）不懂古文，要找我來幫忙。」曾獲芝大博士的史學家許倬雲不同意何氏的說法，稱：「這是亂說。」許氏表示：「我的老師顧立雅是第一代美國漢學家，研究古代金文，學古文從讀《孝經》開始，很用功，後來讀中國古文基本沒有問題。」顧氏一九三六年出版《中國的誕生》（*The Birth of China*），是西方世界第一本介紹中國第一個經考古證明可信朝代的書。顧立雅、鄒讜、何炳棣、錢存訓、余國藩等學者相繼物故，加上芮效衛的退休，芝大的漢學研究和當代中國研究的「盛世」已成為歷史。

余國藩以文學與神學研究著稱於世，其父余伯泉上將則顯揚於軍界，歷任金門防衛司令部副司令官、副參謀總長、總統府參軍長、三軍大學校長等職務，曾是國防部長俞大維的最得力助手。俞、余二人的國語（普通話）皆不標準，而兩人又喝過多年洋墨水，故私下皆以英語交談。一次俞大維巡視部隊時，看到台灣兵（俗稱充員兵）胸前皆貼一小塊黑布，俞氏問陪同巡視的郝柏村是什麼意思？郝氏答道：「表示不會說國語。」俞氏幽默地說：「那我也應該戴這個標誌。」余伯泉有次向一群將領發表兵學演講，蔣介石坐第一排聆聽。國語不靈光的余氏在說明一種現象時，辭不達意，無法妥善表達，情急之下乃用廣東粗話說：「丟那媽！」全場鴉雀無聲，數秒後，老蔣發出笑聲，全場隨後跟著大笑。

余伯泉有三個弟弟、五個妹妹，二弟余叔韶為英國大律師，一九四六年入讀牛津大學，後參加林肯法律學院大律師資格考試，成為該試有史以來第一位一年內通過所有考試的考生。一九五一年，余叔韶回港工作，成為香港首位華人檢察官。但因港英政府同工不同酬，辭職抗議，獨立執業大律師，名震法界。余伯泉（一九八二年卒，享年七十二歲）的妻子歐授真曾在蔣宋美齡創辦的華興中學教英文。余國藩的妻子鄧冰白的祖父是民初名將鄧鏗，兒子余逸民一九九七年獲耶魯大學文學博士，專攻英國文學。將門出秀才，可說是余家的寫照。

中情局與愛荷華國際寫作計畫

冷戰時代，美國中央情報局在世界各地秘密進行「硬實力」與「軟實力」行動。「硬實力」行動包括在伊朗（一九五三）、瓜地馬拉（一九五四）和越南（一九六三）製造兵變，以及發動古巴難民登陸豬灣（一九六一）。「軟實力」則是成立外圍組織，撥發經費，發行刊物或資助大學，宣揚美國文化，拉攏外國知識分子。新近披露的檔案顯示，聞名全球的美國愛荷華大學「國際寫作計畫」（International Writing Program）即是接受中情局所提供的經費而成立。

羅德島州普羅維登斯（Providence，又譯天命）學院英文系助理教授艾力克·班尼特（Eric Bennett）曾於一九九八至二〇〇〇年到愛荷華大學參加「愛荷華作家寫作坊」（Iowa Writer's Workshop）；二〇〇七年七月，班尼特回到愛荷華大學校園，以一個月時間研讀愛荷華國際寫作計畫創辦人之一保羅·安格爾（Paul Engle）的生平。

一九九一年以八十二歲高齡在芝加哥機場猝逝的安格爾，於一九六七年和來自台灣的湖北籍作家聶華苓（一九二五年生，六四年赴美）創辦愛荷華國際寫作計畫。愛荷華作家寫作坊和愛荷華國際寫作計畫並不一樣，愛荷華作家寫作坊創於上世紀三〇年代，首任主任是韋伯·施拉姆

（Wilbur Schramm），安格爾是第二任主任，從一九四一年做到一九六五年。聶華苓曾在台灣素負盛名的反對派雜誌《自由中國》做過文藝編輯，並在台灣大學外文系教過書。她於一九六四年到愛荷華大學，一九七一年和安格爾結婚，雙方都是第二次婚姻。一九六七年，安格爾與聶華苓另行創設愛荷華國際寫作計畫，專門招收海外作家到愛大進修，愛荷華作家寫作坊則專門吸收美國本地作家。

班尼特於二〇〇七年盛夏，每天朝九晚五翻閱安格爾捐贈給愛大的四十箱檔案與資料，他找到一份資料，指出安格爾於一九六〇年曾向洛克菲勒基金會（Rockfeller Foundation，又譯羅氏基金會）提議，他所主持的愛荷華作家寫作坊向海外招收作家，特別是左翼作家，讓他們到新大陸來看看美國、認識美國。讓他們知道美國文化並不只是可口可樂、米老鼠，洛克菲勒基金會給他一萬美元旅費，到亞洲及歐洲吸收作家（以左派知青為主）到愛荷華作家寫作坊深造。安格爾於一九六七年不再主持愛荷華作家寫作坊，但他是個工作狂，又好客、愛交朋友，更喜歡和外國作家來往，於是，他和聶華苓一起創辦愛荷華國際寫作計畫。

班尼特赫然發現，安格爾和聶華苓創辦愛荷華國際寫作計畫的經費，竟然是來自中情局的外圍組織法菲德基金會（Farfield Foundation）。除了法菲德基金會，中情局的另一外圍組織亞洲基金會（Asia Foundation）、洛克菲勒基金會和國務院亦都曾資助愛荷華國際寫作計畫，台灣的一些民間機構亦曾向國際寫作計畫捐款。台灣的一些反共政客與右翼文化打手曾對愛荷華國際寫作計畫邀請自由派作家赴美，表示不滿。台灣著名異議作家柏楊在安格爾於一九九一年去世時，撰寫〈懷念中國人的朋友：悼保羅．安格爾〉，文章裡提到：「國大代表鍾鼎文先生在報上把愛荷華的經費來源的國務院，誣指為《花花公子》雜誌，指控保羅夫婦對中國文化包藏禍心。」

安格爾於一九〇八年生於愛荷華州西達拉皮茲市（Cedar Rapids，又譯雪松急湍），曾就讀柯（Coe）學院、愛荷華大學、哥倫比亞大學。因品學兼優獲羅氏學者（Rhodes Scholar，前美國總統柯林頓亦為得主），負笈牛津大學。安氏以寫詩出名，班尼特說他像當時的許多理想型的知識分子，曾嚮往和相信共產主義，日後又拋棄共產主義。安氏做過奧亨利獎（O. Henry Prize）叢書主編。他主持愛荷華作家寫作坊的四分之一世紀裡，使寫作坊揚名天下，全球各地作家都想到被玉米田包圍的愛大進修，與世界各地作家促膝把晤、通宵暢飲，交換寫作心得。國際寫作計畫亦成為化敵為友的文化園地，最流行的傳奇是，一位以色列作家和一位巴勒斯坦作家初見面後，曾互擲酒杯對罵，幾個月後分手時，兩個人抱頭痛哭。

中情局希望國際寫作計畫通過海外作家向全球推廣反共宣傳，並介紹美國文化。但安格爾和聶華苓則經由國際寫作計畫，廣邀兩岸三地作家進行寫作心得、民族感情、文化共識的交流與提升，其正面作用遠超過中情局的冷戰構想與原始創意。海峽兩岸當局都曾因懷疑或不滿愛荷華國際寫作計畫，而動用政治力量抵制或阻撓作家赴會，甚至不讓安格爾夫婦來訪。

班尼特二〇一四年二月曾在《高等教育紀事》（*Chronicle of Higher Education*）發表長篇文章，敘述中情局與愛荷華國際寫作計畫的關係，並於二〇一五年出版《帝國的寫作坊》

（*Wokshops of Empire: Stegner, Engle, and American Creative Writing During the Cold War*），以申論中情局如何介入包括寫作坊在內的各種文化機構。班尼特對中情局的做法持負面看法，深不以為然。但安格爾和聶華苓卻利用愛荷華國際寫作計畫，為文學和文化打開一條新路與生路，使兩岸三地和其他各地的作家共聚一地暢述衷情，這也許是中情局特務沒有想到的。

從六〇年代開始（包括愛荷華作家寫作坊），數不清的海外作家曾到愛荷華呼吸含有玉米味道的新鮮空氣與自由氣氛。從台灣的柏楊、陳映真、王禎和、林懷民、鄭愁予、殷允芃、瘂弦、高信疆到大陸的莫言、丁玲、徐遲、諶容等，多少文化人都在愛荷華找到了梁啟超所說的「煙士披里純」（inspiration，即靈感、鼓舞人心的事）和伙伴情誼（camaraderie）。

中情局在冷戰時曾設立不少基金會和文化組織以對抗國際共產主義，並向海外宣傳美國文化，其中最大的一個外圍組織是以歐洲為戰場的「促進文化自由聯合會」（Congress for Cultural Freedom）。促進文化自由聯合會從一九五〇年到一九六七年，在三十五個國家成立分會，出版二十種有水準的雜誌，並經常舉辦畫展、音樂會、文化交流和學術研討會，許多知名學者和作家都在不知聯合會底細的情況下，參與它的會議，如英國哲學家羅素。不少歐美主流媒體的著名記者亦曾自願被中情局外圍組織利用，如曾訪問過蔣介石和周恩來的《紐約時報》外交專欄作家索茲伯格。

中情局在海外所推動的秘密戰爭包羅萬象，應有盡有，現在最拿手的是利用無人飛機炸射恐怖分子。愛荷華國際寫作計畫也許是惡名昭彰的中情局所作的最有價值的文化投資，安格爾長留去思。一個不會聽亦不會說中國話（只會：「吃飯吧！」）的外國人，向兩岸三地作家展示了無國界的愛心與熱忱。舞蹈家兼作家林懷民說：「在柏林圍牆倒塌前，那道牆已在聶華苓家被拆除了。」

班尼特稱安格爾是「冷戰鬥士」，但他和聶華苓對愛荷華國際寫作計畫的不朽貢獻卻超越冷戰，而受到國際文化界所認同。一九七六年，他們夫婦二人曾被共同提名諾貝爾和平獎。

《紐約書評》雜誌獨領風騷

一九六二年十二月八日，紐約七家報社的印刷工會、記者與編輯工會和其他工會因不滿資方拒絕調薪，談判破裂，發動大罷工。平時與報為伍、視報如一家人的紐約市民在無報的日子裡，頓感生活失去重心，每日若有所失，但七份報紙畢竟停刊了。這項紐約報業史上最著名的大罷工由於資方和勞方的蓄意對抗，竟持續一百一十四天！

在「舉目無報」的日子裡，許多嗜報如命的紐約人每天開車到附近的新澤西州、康乃狄克州和紐約上州買報紙，一睹為快，否則日子難過。也有不少人定時從外州寄報紙給紐約親友，為他們提供精神食糧。

大罷工於一九六三年三月三十一日宣告結束，但紐約報業已受到重創，數家報社搖搖欲墜，幾年之內五家報館宣佈關門，其中包括報譽甚隆、言論偏右的《紐約前鋒論壇報》。此後，紐約僅剩三家報館（一九〇〇年有十六家、一九三〇年仍有十二家）：《紐約時報》、《紐約每日新聞》和《紐約郵報》。這三份報紙今天仍在網路新聞崛起和電子報的圍攻下，苟延殘喘。

但在報業大罷工期間，美國文化界和讀書界卻因禍得福，出現了一份改寫紐約和美國知識景觀的刊物，雜誌名稱是《紐約書評》（*New York Review of Books*），這份雙週刊雜誌不僅提升了英文世界的書評水平，且為書評賦予了新的定義。

《紐約時報》和《紐約前鋒論壇報》都在週日隨報出版書評週刊，在罷報的日子裡，讀者看不到書評，亦不知道出版界的動態，大家如同活在文化沙漠裡，沒有精神上的源頭活水，紐約的知識群眾如一泓死水。於是，幾個每天與書為伍的知識人就從懷念過去常見的書評週刊，想到何不自己動手辦一份書評雜誌。

在出版界和著作圈裡頗有名氣的兩對夫婦在聚餐時，酒酣耳熱之際共同繪出了出版書評雜誌的遠景。藍燈書屋出版社副總裁傑森·艾普斯坦（Jason Epstein）和他的編輯妻子芭芭拉、女作家伊麗莎白·哈威克（Elizabeth Hardwick）和她的詩人丈夫羅伯特·洛威爾（Robert Lowell）可說是《紐約書評》的原始發起人，他們邀請出版人惠尼·艾斯沃斯（A. Whitney Ellsworth）與《哈潑》雜誌主編羅伯特·席佛斯（Robert B. Silvers）參與主持書評雜誌的創刊。一九六三年二月一日，《紐約書評》創刊了，首期印了十萬份，馬上賣光。《紐約客》雜誌說，《紐約書評》創刊號是有史以來所有雜誌創刊號裡，編得最好、最有內容的一本。《紐約書評》創刊號邀一批美國寫作界的高手執筆，大獲好評，七天之內即收到二千多封讀者來信，要求繼續出版。

《紐約書評》於一九六三年二月一日創刊，即暫停出版，但在讀者和文化界強烈呼聲中，週刊創辦人決定於一九六三年十一月正式定期出版。二〇一三年剛好是《書評》創刊五十週年紀念，該刊從年初開始即陸續舉辦各種慶祝活動，追憶過去五十年的文字光輝。《書評》並在二〇一三年十一月推出五十週年特刊。

從一開始，《書評》即有兩位主編，一位是羅伯特・席佛斯，另一位即芭芭拉・艾普斯坦（Barbara Epstein），兩個人合作無間，把《書評》編得有聲有色，並成為美國自由派知識分子的重鎮，自由派的吹鼓手。《書評》也是美國唯一一份持續痛批布希侵略伊拉克的文化刊物，另一批判布希侵伊政策的《國家》（*Nation*）則是一份歷史悠久的左翼政論雜誌。芭芭拉・艾普斯坦已於二〇〇六年因癌症辭世，終年七十七歲。老主編席佛斯二〇一六年已八十六歲，仍無交棒退休的跡象，亦未有明顯的接班人。

《書評》近年來最大損失是從創刊號開始即為《書評》畫諷刺誇張人物畫（caricaturist）的畫家大衛・雷文（David Levine）於二〇〇七年因健康不佳而停畫，二〇〇九年辭世，享壽八十三歲。雷文為《書評》畫了三千八百多張人物畫，這批諷刺誇張畫不但是《書評》的特色，也是美國政治漫畫界的財富。雷文停筆後，《書評》找人代筆，完全沒有味道，根本無法望雷文之項背。雷文最有名的一幅畫是美國總統詹森於一九六六年開刀割除膽囊。手術後，記者問詹森感覺如何？粗魯的德州佬詹森馬上把衣服掀開，讓記者瞧他的傷口。當時越戰已逐漸升溫，敏銳的雷文看到這個鏡頭，靈感陡現，他畫了一張千古不朽的諷刺畫：詹森拉開衣服所顯示的傷口是越南地圖！

《紐約書評》雙週刊每期銷量約十四萬份，與動輒百萬份的刊物（如《時代》周刊、《紐約客》）相比，當然是無法等量齊觀，但《書評》的影響力極大，銷量並不能顯示它的份量。《書評》已為英文讀書界創建了書評文化的最高境界，並拓寬了書評文化的範疇與定義。書評不再是傳統觀念上狹隘的「書的介紹」，而是從書的本身論及相關的政治、經濟、社會與文化議題，並對這些議題做出比較尖銳的評論。

《紐約書評》一向被視為自由派的大本營，撰稿人亦幾乎全屬自由派知識人，但它又不像《國家》那樣左，亦不像《紐約時報星期書評》那樣不左不右，沒有立場。一九七九年，倫敦《泰晤士報》發生工潮，《紐約書評》即跨海到英倫創辦《倫敦書評》。一九八〇年《倫敦書評》出版至今。

《紐約書評》所面臨的另一問題是一些一流寫手相繼過世，而使雜誌內容失色不少，如當年批判布希最力、筆鋒亦最犀利的猶太裔英國籍學者、紐約大學教授東尼·賈德（Tony Judt）和英國法學家羅納德·竇爾金（Ronald Dworkin）。尤其是賈德的離去，最使讀者懷念不已，他過去多年對《書評》的貢獻無與倫比。他所著的《戰後歐洲六十年》（*Postwar: A History Of Europe Since 1945*）中譯本四冊，（左岸文化），可讓華文世界讀者進一步認識賈德的學術造詣。

《紐約書評》面對排山倒海而來的網路世界，三年前開始已另行出版電子版，以與時代俱進。但雜誌、報紙和書籍的紙本並不會消失，它和電子版一樣會並存下去。就像亞馬遜網路商店創辦人貝佐斯最近願意從私人腰包掏出二億五千萬美元買《華盛頓郵報》一樣，他要同時改進

《華郵》的紙本與電子版。也像臉書四大創辦人之一的克里斯・休斯（Chris Hughes）一樣，花了數百萬美元買下奄奄一息的《新共和》（*The New Republic*）雜誌，重新打造這份創刊將近百年的老雜誌。

國民黨打壓美國言論的一段內幕

國民黨擅長「查禁」書刊，戒嚴時代遭情治機關封殺的出版物，可謂汗牛充棟、無法勝數；它不但在台灣查禁沒收書刊，更神通廣大地跑到美國，與右翼「盟友」聯手查封美國人的著作。六〇年代初期就發生過這樣一件荒天下之大謬的真實故事。

美國政治學者羅斯．柯恩（Ross Y. Koen），於東西方尖銳對抗的五〇年代，埋首研究美國國內勢力對美國外交政策形成的影響，他在密西根大學和佛羅里達大學做研究，也到過台中東海大學當訪問學者，其博士學位則在佛大獲得。柯恩接觸了大量資料之後，決定把研究重點集中在當時聲震美國、權傾朝野的「中國遊說團」（China Lobby）。「中國遊說團」的「中國」，並不是指中共所統治的中國，而是「國民黨中國」。「國民黨中國」有兩種解釋：一、國民黨所統治的「自由中國」台灣；二、國民黨所失去的舊中國。一九四九年中國大陸變色，一九五〇年韓戰爆發，共和黨與民主黨的右翼人士開始追究「誰失去了中國」，儼然中國是美國的領土和殖民地，不幸被共產黨徒搶走了。

深諳美國政治而又與美國政客、出版家、大商人熟稔的孔宋家族，乃在宋美齡的領導下，積極策動美國朝野友人充當國民黨的代言人兼政治打手，以左右美國的對華（包括海峽兩岸）政策。於是美國近代政治中的一個奇特產物——「中國遊說團」乃應運而生。遊說團的中堅分子包括孔家家族旅美成員、國府駐美外交官以及中國政客、報人、商人和權力掮客。柯恩指出，「中國遊說團」最早在一九四八年年底成形，其時蔣家政權大力支持的共和黨總統候選人杜威意外落選，國府眼看形勢不妙，乃由宋美齡出面在紐約布朗克斯利佛岱爾（Riverdale）孔祥熙住宅主持「每週戰略會議」，商討如何籌組「中國遊說團」，俾在美國政壇發揮影響力。經常參加孔宅會議的包括宋美齡、宋子文、孔祥熙、孔令侃、孔令傑、俞國華、李惟果、皮宗敢、毛邦初、陳之邁。據《顧維鈞回憶錄》透露，陳之邁在駐美大使館擔任參事、公使期間，因積極介入美國政治，頗引起國務院不悅，曾數度告知顧大使令陳之邁「收斂」。陳與「中國遊說團」的密切關係和介入美國政治太深的「前科紀錄」，也許是他始終未能出任駐美大使的主因。

柯恩於一九五七年在佛羅里達大學提出博士論文：「中國遊說團及美國遠東政策的形成，一九四五至一九五二」。三年後，柯恩將論文改寫擴充，準備出版，書名為《美國政治中的中國遊說團》（*The China Lobby in American Politics*），該書對「中國遊說團」的來龍去脈、影響及內幕，有深入的剖析及詳贍的敘述。然而，新書尚未正式出版，國民黨即透過「中國遊說團」向國務院、財政部、司法部、中情局等單位，大施壓力，查禁該書。台灣的出版社在戒嚴時代最怕保安司令部和警備總部，美國的出版公司在冷戰時代亦不敢得罪政府，因此出版商在飽受恫嚇之後，「自動」銷毀了四千餘冊，但已賣出了八百多本。各大學圖書館在收到查禁通知時，即把該書鎖藏在珍本書庫中，不准外借。

最可笑的是，許多擁有該書的社區圖書館，陸續發現「禁書」不見之後，書架上卻神秘地出現了一本與禁書極易混淆的新書：《紅色中國遊說團》（*Red China Lobby*）！

原來，「中國遊說團」為了混淆視聽，趕緊找人編了一本《紅色中國遊說團》，由已退休的參謀首長聯席會議主席雷德福海軍上將（Arthur William Radford）撰序，匆匆出版，以便魚目混珠，愚弄無知老美。過了幾年，美國右派組織「美國支持世界自由協會」，在尼克森打開中國大陸「竹幕」之際，又出版了一本由耶魯大學右翼學者饒大衛等人撰寫的《紅色中國及其美國友人》（*Red China and It's American Friends*）——關於「紅色中國遊說團」分子，就是費正清、賴世和、史華慈、孔傑榮、鮑大可等，《聯合報》將該書譯為《中共在美遊說內幕》出版。

柯恩的《美國政治中的中國遊說團》，被查禁了十四年後，始在一九七四年正式解禁，由哈潑出版公司發行問世。北京商務印書館於一九八四年出版中譯本，但中共對「中國遊說團」（China Lobby）的譯法，卻「獨樹一幟」，譯為「院外援華集團」或「援蔣集團」。

《美國政治中的中國遊說團》為什麼被查禁？如何查禁？

一九五九年十二月七日的《出版人周刊》（*Publishers Weekly*）登了一則紐約麥克米蘭（Macmillan）出版公司的新書出版廣告，上面說柯恩所著的《美國政治中的中國遊說團》將於一九六〇年三月七日出書。這則廣告不但引起了右派人士的注意，且為作者、出版公司和新書帶來了意想不到的麻煩。當時，右派人士兵分數路想要「先睹為快」，看看柯恩到底寫些什麼？抖出什麼內幕？最急切要知道該書內容的是靠國民黨津貼過活的「百萬人委員會」秘書長馬文・李勃曼（Marvin Liebman），李勃曼是猶太人，也是過氣的共產黨員，但已搖身一變為反共急先鋒，亦為「中國遊說團」的主將之一。顛倒黑白的《紅色中國遊說團》一書，就是在他的主導下推出。

李勃曼向麥克米蘭出版公司主管非小說叢書的資深編輯李察・卡頓討大樣（galley），遭到拒絕：不過，李勃曼的屬下打了一通電話給麥克米蘭的小職員打聽新書，該職員不明就裡，居然送了一疊大樣給他。李勃曼如獲至寶，匆匆閱讀一遍，趕緊通知國民黨駐美大使館、駐紐約總領事館和「中國遊說團」重要成員，以便採取進一步行動。

在李勃曼取得柯恩新書大樣之前，美國聯邦政府麻醉藥劑管理局局長哈利・安斯林格（Harry J. Anslinger），即已神秘地從印刷廠取得樣書，並立即寫一封信告訴國府駐美大使葉公超，柯恩在《美國政治中的中國遊說團》一書中，揭發國民黨官員在國府的默許下走私毒品至美國販賣。安斯林格對葉公超說，柯恩的指控全屬空穴來風，並表示要制裁該書。

葉公超大使和國民黨駐美特務分別接獲訊息之後，馬上向台北報告，並立刻請求李勃曼和安斯林格幫忙壓制新書出版。李勃曼動員「中國遊說團」的力量，製造輿論，打擊該書。著名的保守派巴克萊（Buckley）家族所辦的《國家評論》（*National Review*）亦開始大作文章，圍剿柯恩。安斯林格則利用其地位和權力聯絡司法部、國務院等單位，對麥克米蘭出版公司施加強大壓力，要求中止出版柯恩的著作，理由是柯恩侮辱友邦、誹謗盟國官員。

麥克米蘭公司原預定一九六〇年三月七日出書，後延到三月二十一日。面對來自四面八方的壓力，麥克米蘭公司開始緊張了，三月十日柯恩接到麥克米蘭總經理的電話，告以公司的法律顧問對柯恩指控國民黨官員販毒一事，有點意見。三月十二日，麥克米蘭的一名高級職員在晚宴席上遇到李勃曼，這位女性主管告訴李氏，國務院已要求麥克米蘭老闆勿出版柯恩著作，因該書提及國民黨官員走私毒品。同一天，麥克米蘭決定再延後出版日期，並邀請三位專家學者審閱評估新書，其中一位建議出版公司刪除或改寫該書重要篇章，柯恩不同意。但不願惹麻煩吃官司的麥克米蘭堅持要改要刪，柯恩則認為其著作重點與整個架構即奠基於：「中國遊說團的存在，乃是不爭之事實；中國遊說團左右美國的亞洲政策——特別是對華政策——亦為一不爭之事實，而遊說團的許多活動——尤其是財務方面——疑點極多。」

三月二十二日，麥克米蘭公司正式通知柯恩，對他在導言中有關國民黨官員走私毒品的修訂，仍不滿意。麥克米蘭公司並將安斯林格致葉公超信函的複本拿給柯恩。

在雙方堅不讓步的情況下，麥克米蘭終於決定中止出版，並將已發給各圖書館、書評家、雜誌社和部分大書店的四千本樣書，採取緊急回收工作，以免官司纏身。但有八百多本已無法收回，少數流到市面上的已變成蒐藏家覓求的珍本。柯恩不甘麥克米蘭公司毀約，乃告之於法院，官司打了十四年，雙方始庭外和解，原書於一九七四年由哈潑出版公司印行平裝本發售。其時美國對華政策已有了一百八十度轉變，尼克森政府已和中共建立半官方關係，兩國互設聯絡處；李勃曼的「百萬人委員會」已煙消雲散，權傾一時的「中國遊說團」亦告式微，終走入歷史。

國民黨政府和美國右翼反共分子扮演「文字警察」以壓制新書出版的真正目的，乃是該書赤裸裸地公佈了「中國遊說團」的全貌及其內幕，引起台北和美國政治掮客的不滿和恐慌。他們讀遍全書，唯一找到的「把柄」就是對國民黨官員販毒以及「中國遊說團」經費可能與販毒有關的指控。其實，柯恩在導言裡僅簡略地提到販毒一事，他說：「有證據顯示，一些中國人參與了向美國走私麻醉品的非法活動，中國國民黨政府成員對此事瞭如指掌，並予默許。證據亦顯示，有幾位美國知名人士參與這些交易，且從中牟利。證據甚至進一步證明，這種麻醉品生意一直是中國遊說團進行的某些活動和交易中的一個要素。」

為一九七四年哈潑平裝本寫序的美國學者李察．卡根（Richard C. Kagan）說：「國府駐美大使館官員獲得本書的樣本以後，認為它有損於美國和中華民國之間的良好關係。國民黨乃利用其在國務院、中央情報局和聯邦麻醉藥劑管理局的關係，阻撓了本書的發行。」卡根又說：「最近出版的一本新書《東南亞的海洛英政治》，有力地駁斥了（中共販毒）的神話，該書指出國民黨軍隊的流亡軍人參與了東南亞的鴉片貿易。其他新近發表的調查報告詳細地指出，國民黨、美國的航空公司、為數眾多的國民黨政府官員、南越人和寮國人，深深地捲入鴉片貿易勾當。」卡根認為：「祇有更瞭解國民黨及其盟友在亞洲的所作所為，我們才能獲悉中國遊說團的經費來源、牽連程度和政治活動的全盤內幕。」

國民黨假借外力在美國領土上成功地查禁了美國人的著作，適值國民黨仍在華府風光的年代；到了一九八五年年初，西格列夫（Sterling Seagrave）的《宋家王朝》（*The Soong Dynasty*）問世，國民黨已江河日下，再也不能透過美國朝野下達「查禁令」，至多衹能要求一批御用學者文人在美國報紙刊登反駁廣告，寫些無聊謾罵短文，聊以自慰。等到一九九二年底，美國作家大衛・卡普蘭（David E. kaplan）發表《龍之烈火：政治、謀殺與國民黨》（*Fires of Dragon: Politics, Murder, and the Kuomintang*）一書，國民黨已四分五裂，自顧不暇，根本無法無能亦無力理會這本書了。

今天，台灣島上充斥了反國民黨的文宣活動，國民黨內部也在鬧窩裡反，街頭書肆亦堆積了一批批抖落國民黨內幕與黑幕的書刊。國民黨終於從殺氣騰騰的查禁時代淪落到笑罵由它的自憐與自悲時代。

國家圖書館出版品預行編目資料

自由，凌駕一切：美國人文景觀的塑造者 / 林博文著. -- 初版. -- 臺北市：大塊文化，2016.06

面； 公分. --（Mark；117）

ISBN 978-986-213-705-5（平裝）

1. 言論集 2. 新聞評論

078 105007212

LOCUS

LOCUS